In den letzten vierzig Jahren hat Deutschland seine Sicherheit geteilt, in zwei gegeneinander gerichteten Bündnissen gefunden: Sicherheit für Deutschland war Sicherheit über Deutschland. Europa war damit zufrieden und Deutschland auch; der Mangel an Souveränität schmerzte nicht. Nun, da Deutschland vereinigt ist und seine volle Souveränität erhalten hat, müssen die Aufgaben heute lauten: Europa zufrieden mit der deutschen Einheit zu machen und Krieg in Europa unmöglich werden zu lassen, gemeinsame Sicherheit zu verwirklichen. Da der Ost-West-Konflikt zu Ende ist, da alle europäischen Länder technisch und zivilisatorisch so weit entwickelt sind, daß sie kriegsführungsunfähig geworden sind, falls sie der Vernunft folgen, muß die Vernunft europäisch institutionalisiert werden. Wenn das geeinte Deutschland sein gewachsenes Gewicht dafür einsetzt, wird es dem ganzen Kontinent einen Dienst erweisen.

Egon Bahr, geboren am 18. März 1922 in Treffurt/Werra, wurde nach journalistischer Tätigkeit bei der *Berliner Zeitung*, dem *Tagesspiegel* und als Chefredakteur von RIAS 1960 vom Regierenden Bürgermeister Willy Brandt zum Leiter des Presse- und Informationsamtes in Berlin berufen. 1966 wurde er Sonderbotschafter im Auswärtigen Amt, 1969 Staatssekretär im Bundeskanzleramt und zugleich Bundesbevollmächtigter für Berlin. In dieser Funktion leitete er die Verhandlungen, die 1971 zum Transitabkommen und 1972 zu den Ostverträgen und zum Grundlagenvertrag zwischen den beiden deutschen Staaten führten. 1982 wurde er in das Präsidium des SPD-Parteivorstandes berufen. 1984 wurde er zum wissenschaftlichen Direktor des Instituts für Friedensforschung und Sicherheitspolitik in Hamburg ernannt. Seit 1987 ist er Vorsitzender der Sicherheitspolitischen Kommission der SPD. Wichtige Veröffentlichungen: *Was wird aus den Deutschen?* (1982); *Gemeinsame Sicherheit* (1986); *Zum europäischen Frieden. Eine Antwort auf Gorbatschow* (1988).

Egon Bahr

Sicherheit für und vor Deutschland

Vom Wandel durch Annäherung zur Europäischen Sicherheitsgemeinschaft

Carl Hanser Verlag

ISBN 3-446-16206-2

Umschlag: Nach einem Entwurf von Klaus Detjen unter
Verwendung eines Fotos von Marc Darchinger
© J.H. Darchinger IFJ
Satz: FoCoTex Klaus Nowak, Berg am Starnberger See
Druck und Bindung: Ludwig Auer GmbH, Donauwörth
Printed in Germany

Inhalt

Einleitung

Auch deshalb war die Welt ganz zufrieden mit der deutschen Teilung, weil sie damit nach zwei Weltkriegen vor der unheimlichen Kraft dieses Volkes in der Mitte Europas sicher sein konnte. Der Umkehrschluß war einfach: Wer die deutsche Einheit wollte, mußte es schaffen, daß auch danach die Welt mindestens ebenso sicher bleiben würde. Europäische Sicherheit war für mich der Schlüssel zur Einheit. Das war so offensichtlich, daß ich innerlich lächeln mußte, wenn Beobachter mich teils als Deutschland-, teils als Sicherheitsexperten klassifizieren wollten. In der Wirklichkeit der Sache und der Person waren das nur die beiden Seiten der einen unspaltbaren Medaille.

Deshalb ist es auch kein Wunder, daß sich über mehr als 35 Jahre eine Kontinuität einstellte, die mit der Überschrift versehen werden könnte: Sicherheit für und vor Deutschland.

Das begann 1954, als ich für die Außenministerkonferenz in Berlin ein Konzept für ein europäisches Sicherheitssystem schrieb und einem schwedischen Kollegen übergab, in der naiven Hoffnung, für Deutschland vielleicht einen analogen Ansatz bewirken zu können, wie er sich für Österreich abzeichnete, bevor die feste Einbindung der beiden Teilstaaten in Nato und Warschauer Vertrag unser Selbstbestimmungsrecht für unabsehbare Zeit zu Papier machen würden. Das setzte sich in dem hier zum ersten Mal veröffentlichten Auszug eines Buchmanuskripts aus dem Jahre 1966, über das Papier des Planungsstabes im Auswärtigen Amt zwei Jahre später und den Grundlagenvertrag fort, in dem ich, fast unbeachtet, die Abstimmungsmöglichkeit beider Regierungen über europäische Sicherheitsfragen etablierte. Es gab noch viele Stationen bis zum Frühjahr 1990 (»Sicherheit durch Annäherung«), als aus der Reihenfolge: durch Sicherheit *zu* Deutschland die Parallelität: Sicherheit *und* Deutschland wurde.

Nun haben wir die Einheit und die Sicherheit, aber kein neues europäisches System. Was also bleibt, wenn das Ziel so anders als gedacht erreicht wurde?

Als der Verlag den Vorschlag zu diesem Buch machte, konnte er meine Skepsis, alte Dokumente wieder zu drucken, wesentlich durch die Herausforderung überwinden, sich selbst Rechenschaft über das abzulegen, was falsch und was richtig war. Und natürlich fand der Verlag, daß es in aufregender Zeit nicht nur für den Autor aufregend sein könnte, die Entwicklung nachzuvollziehen. Und natürlich durfte es keine Klitterung geben durch Streichungen oder Hinzufügungen. Heute sind wir alle schlauer.

Wer Einheit wollte, mußte Ostpolitik machen. Die Westpolitik machte sich sozusagen von selbst; die Interessen und die dafür tätigen Genies in erst sechs und später mehr Hauptstädten sorgten schon dafür. Diese Einstellung war keine Arroganz, sondern notwendiges antizyklisches Verhalten. Je stärker unsere Westbindungen, um so stärker konnten wir später die Zustimmung zur Einheit einfordern. Die entsprechend andere Kalkulation ging nicht auf: Je stärker die Westdeutschen in Westeuropa gebunden werden, um so unwahrscheinlicher würde es, daß die Zusage zu ihrer Einheit eingelöst werden müßte. Das Ergebnis zeigt: Wegen und trotz der Westbindung ist die Einheit erreicht worden. Ein Streit kann archiviert werden, der die vierzigjährige Geschichte der Bundesrepublik begleitet hat.

Richtig ist geblieben, daß die Einheit in Moskau zu erreichen war. Für die nationale Frage ist die Ostpolitik wirklich Schicksal gewesen. Daß wir uns, da niemand deutscher als die Deutschen sein würde, die Souveränität nehmen müssen, um sie zu bekommen, dieser Erkenntnis Brandts ist Kohl gefolgt. Die westliche Sorge, daß der Kreml die deutsche Karte spielen kann, war berechtigt; denn gerade das ist geschehen und dennoch gegenstandslos, weil es nicht in einer Situation sowjetischer Stärke, sondern unerwarteter Schwäche geschah. Die Gefahr bundesdeutscher Illoyalität gegen seine westlichen Verbündeten war in Wirklichkeit keine. Die atlantisch-europäische Debatte darüber gehört der Vergangenheit an.

Richtig war, die Sicherheitsfragen als Kern zu sehen. Erst mit der Festlegung seiner unbestrittenen Grenzen wurde Deutschland in seine Freiheit entlassen. Das Schlußdokument erfüllte viele Aufgaben eines Friedensvertrages: Die Kontrolle über die Streitkräfte, der Verzicht auf Massenvernichtungsmittel, die Erwartungen über demokratisches Wohlverhalten. Nichts davon mußte auferlegt werden, weil es Interessen und Absichten der Deutschen entsprach. Zwei gewohnte Aspekte eines klassischen Friedensvertrages fehlen: Weder Obergrenzen der Streitkräfte, noch Reparationen wurden festgelegt. Der Verzicht ist in beiden Fällen weise. Die Abrüstung wird wohl in einer Weise weitergehen, daß zu fürchten oder zu hoffen ist, die Deutschen werden vorangehen, jedenfalls mitmachen. Und auf dem Gebiet der Wirtschaft ist das Wohlwollen und die Hilfe eines so gewichtigen Landes besser als alles, was ihm auferlegt werden könnte. Europa braucht Deutschland, das ist das Kriterium des Schlußdokumentes geworden, gerade weil es umgekehrt genauso stimmt.

Falsch war der logische Schluß, beide Pakte müßten von einem europäischen Sicherheitssystem ersetzt werden, um die Einheit zu ermöglichen. Daß der Warschauer Vertrag praktisch zusammenbrechen und die Nato zu einer Sicherheitsgarantie über Deutschland für den Osten werden würde, wurde nicht erwartet. Der Wunsch, daß parallel zum Prozeß der deutschen Vereinigung gesamteuropäische Strukturen und Institutionen entwickelt würden, wurde durch die unerhörte Schnelligkeit überholt, mit der Deutschland entstand. Der Bedarf an Veränderungen war damit wirklich erst einmal gedeckt. Weder Wunsch noch Energie für den Aufbruch zu gesamteuropäischen Ufern waren stark genug.

Wenn ein Paktsystem auseinanderfällt und seine Führungsmacht um ihren Zusammenhalt ringt, ist die Reaktion des westlichen Bündnisses verständlich, neue Strategien nicht zu übereilen und stabil zu bleiben. Die östliche Überlegenheit ist beseitigt und zersetzt sich weiter. Da kann es nicht wundern, wenn das Nato-Hauptquartier den Augenblick zum Verweilen auffordert, weil er so schön ist. Nicht oder jedenfalls noch nicht möchte man wahrhaben, daß der größte Erfolg der Anfang vom Ende der Nato sein sollte, gerade weil nach dem Ende des Ost-West-Konflikts Sicherheit für ganz Europa auch Verträge und Strukturen für ganz Europa braucht. Wahrscheinlich wird das nebeneinander herlaufen und sich ergänzen; in dem Maße, in dem sich verläßliche europäische Institutionen bilden, werden die alten vertrocknen.

Was bleibt, ist die Aufgabe, Krieg in Europa unmöglich zu machen, gemeinsame Sicherheit zu verwirklichen. Da der Ost-West-Konflikt zu Ende ist, da alle europäischen Länder technisch und zivilisatorisch so weit entwickelt sind, daß sie kriegsführungsunfähig geworden sind, falls sie der Vernunft folgen, muß die Vernunft europäisch institutionalisiert werden. Aus dem Gefühl, daß wir nicht mehr bedroht sind, muß die physische Sicherheit gemacht werden. Wenn Deutschland sein gewachsenes Gewicht dafür einsetzt, wird es dem ganzen Kontinent einen Dienst erweisen.

Aber nun bin ich selbst gespannt, noch einmal zu lesen und zu verfolgen, was da an Äußerungen zeitgeschichtlichen wie zeitbedingten Denkens aus 37 Jahren ausgewählt worden ist, mit einer jeweils kurzen Einführung versehen.

Bonn, November 1990 *Egon Bahr*

Wandel durch Annäherung
(1963)

Als am 13. August 1961 in Berlin der Ost-Sektor abgesperrt und drei Tage später die Mauer begonnen wurde, nachdem die westlichen Reaktionen schwach und spät kamen, mußten wir im Schöneberger Rathaus lernen, was Realitäten waren. Wir begannen darüber nachzudenken, wie wir uns selbst helfen könnten, weil Hilfe – auch von Bonn – nicht zu erwarten war. Das war der eine Ausgangspunkt; der andere, der nicht weniger zu dem formulierten Diskussionsbeitrag an der Evangelischen Akademie in Tutzing geführt hat, war die Auffassung, daß nach der Bundestagswahl 1961, die für den Kandidaten Willy Brandt zu früh kam, wenigstens eine methodisch neue Perspektive öffentlich diskutiert werden sollte. Daß dies »mutig« war, habe ich erst durch den Wirbel erfahren, den der Beitrag auslöste. Wenn Willy Brandt nicht seine Hand über mir gehalten hätte, auch gegen hochrangige Kritik aus der eigenen Partei, wären die restlichen Beiträge dieses Buches nicht entstanden.

Es ist in den letzten Tagen schon eine ganze Menge über das Thema der Wiedervereinigung gesagt worden. Ich möchte kein Korreferat dazu halten, sondern nur einige Bemerkungen machen. Sie sind zur Anregung der Diskussion gedacht und entspringen dem Zweifel, ob wir mit der Fortsetzung unserer bisherigen Haltung das absolut negative Ergebnis der Wiedervereinigungspolitik ändern können, und der Überzeugung, daß es an der Zeit ist und daß es unsere Pflicht ist, sie möglichst unvoreingenommen neu zu durchdenken.

Natürlich muß man dabei davon ausgehen, daß nicht nur das Berlin-Problem nicht isoliert gelöst werden kann, sondern auch das Deutschland-Problem eben Teil des Ost-West-Konfliktes ist. Die Parole »Deutsche an einen Tisch« war immer eine Parole, die nur der Anerkennung der deutschen Teilung dienen sollte. Es kann keinem Zweifel unterliegen, daß die Sowjetunion auch heute noch ihre harte Hand auf dem deutschen Glacis hält. Die theoretische Vorstellung, daß in Ost-Berlin ein Demokrat säße, macht sofort deutlich, daß die sowjetische These, die Wiedervereinigung sei allein Sache der Deutschen, die Herrschaft eines sowjetischen Vizekönigs in Ost-Berlin voraussetzt.

Die Voraussetzungen zur Wiedervereinigung sind nur mit der Sowjetunion zu schaffen. Sie sind nicht in Ost-Berlin zu bekommen, nicht gegen die Sowjetunion, nicht ohne sie. Wer Vorstellungen entwickelt, die sich im Grund darauf zurückführen lassen, daß die Wiedervereinigung mit Ost-Berlin zu erreichen ist, hängt Illusionen nach und sollte sich die Anwesenheit von 20 oder 22 gut gerüsteten sowjetischen Divisionen vergegenwärtigen. Die Wiedervereinigung ist ein außenpolitisches Problem. Es widerspricht zwar vielen Resolutionen, aber es entspricht der realen Lage, wenn innerhalb der Bundesregierung nicht das Ministerium für Gesamtdeutsche Fragen, sondern das Auswärtige Amt für diesen Komplex zuständig ist. Niemand ist deshalb auf den Gedanken gekommen, daß diese Ressorteinteilung etwa eine Anerkennung der sogenannten DDR bedeutet.

Die amerikanische Strategie des Friedens läßt sich auch durch die Formel definieren, daß die kommunistische Herrschaft nicht beseitigt, sondern verändert werden soll. Die Änderung des Ost-West-Verhältnisses, die die USA versuchen wollen, dient der Überwindung des Status quo, indem der Status quo zunächst nicht verändert werden soll. Das klingt paradox, aber es eröffnet Aussichten, nachdem die bisherige Politik des Drucks und Gegendrucks nur zu einer Erstarrung des Status quo geführt hat. Das Vertrauen darauf, daß unsere Welt die bessere ist, die im friedlichen Sinn stärkere, die sich durchsetzen wird, macht den Versuch denkbar, sich selbst und die andere Seite zu öffnen und die bisherigen Befreiungsvorstellungen zurückzustellen.

Die Frage ist, ob es innerhalb dieser Konzeption eine spezielle deutsche Aufgabe gibt. Ich glaube, diese Frage ist zu bejahen, wenn wir uns nicht ausschließen wollen von der Weiterentwicklung des Ost-West-Verhältnisses. Es gibt sogar in diesem Rahmen Aufgaben, die nur die Deutschen erfüllen können, weil wir uns in Europa in der einzigartigen Lage befinden, daß unser Volk geteilt ist.

Die erste Folgerung, die sich aus einer Übertragung der Strategie des Friedens auf Deutschland ergibt, ist, daß die Politik des Alles oder Nichts ausscheidet. Entweder freie Wahlen oder gar nichts, entweder gesamtdeutsche Entscheidungsfreiheit oder ein hartes Nein, entweder Wahlen als erster Schritt oder Ablehnung, das alles ist nicht nur hoffnungslos antiquiert und unwirklich, sondern in einer Strategie des Friedens auch sinnlos.

Heute ist klar, daß die Wiedervereinigung nicht ein einmaliger Akt ist, der durch einen historischen Beschluß an einem historischen Tag auf einer historischen Konferenz ins Werk gesetzt wird, sondern ein Prozeß mit vielen Schritten und vielen Stationen.

Wenn es richtig ist, was Kennedy sagte, daß man auch die Interessen der anderen Seite anerkennen und berücksichtigen müsse, so ist es sicher für die Sowjetunion unmöglich, sich die Zone zum Zweck einer Verstärkung des westlichen Potentials entreißen zu lassen. Die Zone muß mit Zustimmung der Sowjets transformiert werden. Wenn wir so weit wären, hätten wir einen großen Schritt zur Wiedervereinigung getan.

Nun kann es kaum einen Zweifel geben, daß Änderungen in der Zone besonders schwer zu erreichen sind. Die Zone ist in der politischen Entwicklung zurückgebliebener als Polen, Ungarn und die Sowjetunion. Und das hat seine Gründe. Ulbricht konnte sich halten, nicht obwohl, sondern gerade weil er der letzte Stalinist ist. Die Erfahrungen des Jahres 1953 haben dem Kreml gezeigt, wie gefährlich es in seinem Sinne ist, wenn in der deutschen Zone Erleichterungen für den Menschen gewährt werden. Denn gerade weil es sich um den Teil eines gespaltenen Volkes handelt, schlagen, anders als etwa in Polen oder in der Sowjetunion, soziale und wirtschaftliche Forderungen sofort um in politische und in nationale.

Das Gefälle zur Bundesrepublik ist da. Und es ist durch die 18jährige kommunistische Herrschaft nicht zu beseitigen gewesen. Aus der Forderung nach geringeren Normen ist am 16. Juni 1953 auf dem Wege von der Stalinallee bis zum Haus der Ministerien die Forderung nach freien Wahlen geworden. Die Zügel glitten dem Ulbricht-Regime aus der Hand und konnten nur von den sowjetischen Panzern wieder aufgenommen werden. Das Ergebnis war eine Befestigung der Stellung Ulbrichts.

Wenn es richtig ist, und ich glaube, es ist richtig, daß die Zone dem sowjetischen Einflußbereich nicht entrissen werden kann, dann ergibt sich daraus, daß jede Politik zum direkten Sturz des Regimes drüben aussichtslos ist. Diese Folgerung ist rasend unbequem und geht gegen unser Gefühl, aber sie ist logisch. Sie bedeutet, daß Änderungen und Veränderungen nur ausgehend von dem zur Zeit dort herrschenden verhaßten Regime erreichbar sind. Das ist nicht ganz so erschreckend, wie es klingt, nachdem wir schließlich mit diesem Regime schon eine ganze Zeit zu tun haben und auch auf der verschämten Ebene der Treuhandstelle für den Interzonenhandel sprechen.

An dieser Stelle drängt sich naturgemäß die Überlegung auf, ob es nicht durch einen totalen Stop sämtlicher, auch noch bestehender wirtschaftlicher Verbindungen denkbar wäre, das Gebäude der Zone zum Einsturz zu bringen. Man könnte sogar noch einen Schritt weitergehen und dem theoretischen Gedanken nachhängen, ob es nicht durch eine Verschärfung der Situation, die man bewußt fördert, zu einem Zusammenbruch kommen könnte.

Die kühle Überlegung führt zu einer totalen Ablehnung dieser Gedanken. Es ist eine Illusion zu glauben, daß wirtschaftliche Schwierigkeiten zu einem Zusammenbruch des Regimes führen könnten. Die gutgemeinten Ratschläge der Menschen aus der Zone: brecht den Handel ab, wir schnallen uns gern den Gürtel noch enger, zeigen leider keinen Weg. Mehr noch: Wir wissen eben aus Erfahrung: zunehmende Spannung stärkt Ulbricht und vertieft die Spaltung. Ganz abgesehen davon, daß auch die Bundesregierung bekanntlich niemals eine Haltung eingenommen hat, die aus diesem Motiv zu einem Abbruch des Interzonenhandels hätte führen müssen. Und abgesehen davon, daß eine derartige Haltung die Lage Berlins unberücksichtigt ließe.

Der nächste Einwand ergibt sich aus unserer berechtigten Ablehnung, das Zonenregime anzuerkennen. Ich halte die Diskussion um die Anerkennung zuweilen insofern für zu eng und vielleicht für gefährlich, weil sie uns in eine Sackgasse führen und jegliche Politik verbauen kann. Die selbstverständliche und von niemandem in Frage gestellte Weigerung, die Zone als einen rechtmäßigen Staat anzuerkennen, darf uns nicht lähmen.

Jahrelang haben die Botschaften Rotchinas und der Vereinigten Staaten in Genf und Warschau miteinander verhandelt, ohne daß deshalb die USA Rotchina anerkannt hätten oder daß man behauptet hätte, diese Gespräche seien eine Anerkennung. Der Innenminister der Deutschen Demokratischen Republik – ohne Anführungsstriche – hat den in Berlin stationierten Alliierten am 13. August 1961 verboten, weiterhin von ihrem Recht Gebrauch zu machen, den Ost-Sektor der Stadt auf allen Wegen zu betreten und sie auf den einen Übergang am heutigen Checkpoint Charly beschränkt. Als die

Alliierten dieser Anweisung folgten, hat niemand deshalb behauptet, daß sei eine Anerkennung der »DDR«. Das hat auch niemand behauptet, als wider jedes Recht Truppen der Zone nach Ost-Berlin einmarschierten und sich den Amerikanern, Engländern und Franzosen gegenüberstellten, um dafür zu sorgen, daß die genannten Anordnungen befolgt werden.

Wenn heute ein Flüchtling durch die Spree schwimmt und beschossen wird oder der Bus von Flüchtlingen in dem Slalom-System verklemmt und auf die Menschen geschossen wird, dann geschehen doch Verbrechen oder nicht? Aber dann darf unsere Polizei nicht zurückschießen und nichts tun, um diese Verbrechen zu verhindern. Und niemand hat bisher zu sagen gewagt, daß dies die brutalste Form der Anerkennung sei.

Es gibt einen bevollmächtigten Verhandlungsführer, mit entsprechenden Schreiben des Bundeswirtschaftsministers und des Regierenden Bürgermeisters ausgestattet, sein Name ist Dr. Leopold, der mit einem Bevollmächtigten der anderen Seite seit Jahren verhandelt. Aber auch das ist keine Anerkennung. Jedenfalls hat niemand das behauptet.

Niemand von uns erkennt das Ulbricht-Regime an, wenn er in Töpen, in Marienborn oder in Lauenburg eine Wegegebühr zahlt und seinen Personalausweis in dem Schlitz verschwinden läßt, hinter dem er überprüft wird. Daß wir einer Reihe von Kategorien von Menschen empfehlen, den Luftweg zu benutzen, weil die anderen Wege eben nicht frei von Kontrollen und frei von Zugriffsmöglichkeiten des Ulbricht-Regimes sind, ist auch keine Anerkennung. Es ist natürlich erst recht keine, wenn die Bundesrepublik Beziehungen zu Ländern abbricht, die Beziehungen zu Pankow aufnehmen. Das könnte man höchstens als eine Negativform der Anerkennung bezeichnen.

Ich komme zu dem Ergebnis, daß sich unterhalb der juristischen Anerkennung, unterhalb der bestätigten Legitimität dieses Zwangsregimes bei uns so viel eingebürgert hat, daß es möglich sein muß, diese Formen auch gegebenenfalls in einem für uns günstigen Sinne zu benutzen. Wenn Dr. Leopold oder ein anderer zum Chef einer Behörde gemacht würde, die sich nicht nur mit Fragen des Interzonenhandels beschäftigt, sondern mit allen Fragen, die zwischen den beiden Teilen Deutschlands von praktischem Interesse sind, dann würde ich darin um so weniger eine substantielle Änderung der heutigen Situation erblicken können, als die Treuhandstelle für den Interzonenhandel ja auch schon bisher nicht ausschließlich Handelsfragen besprochen hat.

Der amerikanische Präsident hat die Formel geprägt, daß so viel Handel mit den Ländern des Ostblocks entwickelt werden sollte, wie es möglich ist, ohne unsere Sicherheit zu gefährden. Wenn man diese Formel auf Deutschland anwendet, so eröffnet sich ein ungewöhnlich weites Feld. Es wäre gut, wenn dieses Feld zunächst einmal nach den Gesichtspunkten unserer Möglichkeiten und unserer Grenzen abgesteckt würde. Ich glaube, sie sind sehr viel größer als alle Zahlen, die bisher genannt wurden.

Wenn es richtig ist, daß die Verstärkung des Ost-West-Handels mit der genannten Einschränkung im Interesse des Westens liegt, und ich glaube, es ist richtig, dann liegt sie auch im deutschen Interesse, erst recht in Deutschland. Wir brauchen dabei nicht pingelig zu sein, um diesen bekanntgewordenen Kölner Ausdruck für eine bekannte Haltung zu benutzen.

Das Ziel einer solchen Politik kann natürlich nicht sein, die Zone zu erpressen, denn kein kommunistisches Regime, und schon gar nicht das so gefährdete in der Zone, kann sich durch Wirtschaftsbeziehungen in seinem Charakter ändern lassen. Aber das haben schließlich auch nicht die Amerikaner verlangt, als sie Polen Kredite gaben, und das ist auch nicht der Sinn des amerikanischen Wunsches nach verstärktem Osthandel.

Uns hat es zunächst um die Menschen zu gehen und um die Ausschöpfung jedes denkbaren und verantwortbaren Versuchs, ihre Situation zu erleichtern. Eine materielle Verbesserung müßte eine entspannende Wirkung in der Zone haben. Ein stärkeres Konsumgüterangebot liegt in unserem Interesse, in der Sowjetunion ist der Konsumwunsch gewachsen und hat zu positiven Wirkungen beigetragen. Es ist nicht einzusehen, warum es in der Zone anders sein sollte.

Die Sowjetunion ist angetreten mit dem Ziel, den Westen einzuholen und zu überholen, gerade auch auf dem Gebiet des Lebensstandards, auf dem der Westen am stärksten ist. Abgesehen davon, daß es sich dabei um ein Ziel handelt, das den Westen als Vorbild hinstellen muß und an seiner Leistung orientiert ist, ist offensichtlich, daß diese Politik nicht alleine die Zone innerhalb des Ostblocks ausnehmen kann. Den Prozeß zur Hebung des Lebensstandards zu beschleunigen, weil sich dadurch Erleichterungen mannigfacher Art für die Menschen und durch verstärkte Wirtschaftsbeziehungen verstärkte Bindungen ergeben können, würde demnach in unserem Interesse liegen.

Man könnte die Sorge haben, daß dann die Unzufriedenheit unserer Landsleute etwas nachläßt. Aber eben das ist erwünscht, denn das ist eine weitere Voraussetzung dafür, daß in dem Prozeß zur Wiedervereinigung ein Element wegfallen würde, das zu unkontrollierbaren Entwicklungen führen könnte und damit zu zwangsläufigen Rückschlägen führen müßte. Man könnte sagen, das Regime würde dadurch gestützt, aber ich habe eben zu entwickeln versucht, daß es keinen praktikablen Weg über den Sturz des Regimes gibt. Ich sehe nur den schmalen Weg der Erleichterung für die Menschen in so homöopathischen Dosen, daß sich dadurch nicht die Gefahr eines revolutionären Umschlags ergibt, die das sowjetische Eingreifen aus sowjetischem Interesse zwangsläufig auslösen würde.

Die Bundesregierung hat in ihrer letzten Regierungserklärung gesagt, sie sei bereit, »über vieles mit sich reden zu lassen, wenn unsere Brüder in der Zone sich einrichten können, wie sie wollen. Überlegungen der Menschlichkeit spielen hier für uns eine größere Rolle als nationale Überlegungen«.

Als einen Diskussionsbeitrag in diesem Rahmen möchte ich meine Ausführungen verstanden wissen.

Wir haben gesagt, daß die Mauer ein Zeichen der Schwäche ist. Man kann auch sagen, sie war ein Zeichen der Angst und des Selbsterhaltungstriebes des kommunistischen Regimes. Die Frage ist, ob es nicht Möglichkeiten gibt, diese durchaus berechtigten Sorgen dem Regime graduell soweit zu nehmen, daß auch die Auflockerung der Grenzen und der Mauer praktikabel wird, weil das Risiko erträglich ist. Das ist eine Politik, die man auf die Formel bringen könnte: *Wandel durch Annäherung*. Ich bin fest davon überzeugt, daß wir Selbstbewußtsein genug haben können, um eine solche Politik ohne Illusionen zu verfolgen, die sich außerdem nahtlos in das westliche Konzept der Strategie des Friedens einpaßt, denn sonst müßten wir auf Wunder warten und das ist keine Politik.

Ein europäisches Sicherheitssystem (1965)

1965 hatte der Brandt schon zum zweiten Mal die Kanzlerschaft verfehlt. Nun konnte es nicht mehr schaden, aber dem Ganzen vielleicht nützen, einmal umfassend ein Konzept vorzulegen. In der Einleitung der Niederschrift dieses Konzepts entschuldigte ich mich mit einem Zitat von Albert Camus: »Alle großen Gedanken haben an ihrem Anfang etwas Lächerliches« und nahm die mögliche Verdammung durch Helmut Schmidt gelassen in Kauf: »Jeder, der heute mit einer Patentlösung für die Wiedervereinigung ankäme, wäre entweder ein Scharlatan oder ein Ignorant.«

Mir schien, daß »die Bundesrepublik durch ihre eigene Passivität nicht verhindern kann, daß die Entwicklung neue Tatsachen schafft, die Zeit gegen uns arbeitet und die Spaltung Deutschlands mit jedem Monat, mit jedem weiteren Jahr nicht nur tiefer, sondern auch fester wird.« Zur Begründung dieser positiven politischen Utopie schrieb ich über »Wachsende deutsche Verantwortung«, »Wachsende Selbständigkeit der DDR«, »Keine Anerkennung ohne Einheit«, suchte »Kommunistische Patrioten«, betrachtete »Das Beispiel Sport« und den innerdeutschen Handel, fragte nach dem Sinn einer »Isolierung der DDR« und kam dann schließlich zu den »Strukturen eines europäischen Sicherheitssystems.«

Daß dieser Auszug hier zum ersten Mal gedruckt wird, liegt daran, daß ich das fertige 180-Seiten-Manuskript im Frühjahr 1966 Willy Brandt gab, der es nach einer Weile mit der Bemerkung zurückgab, es wäre vielleicht klüger, es nicht zu veröffentlichen; wenn es zu einer großen Koalition in Bonn käme, würde es zuviel Staub aufwirbeln. Er hatte wohl recht.

Zu den wichtigsten internationalen Voraussetzungen der Wiedervereinigung gehören Fragen der Sicherheit.

Es liegt im Interesse der Gedankenführung, einmal den Faden nicht am Anfang aufzunehmen, um ihn an das gewünschte Ende zu verfolgen, sondern umgekehrt vorzugehen. Wir wollen uns das Ergebnis vorstellen und, vom Ergebnis her gesehen, die notwendigen Schritte, die dahin führen sollen, zurückverfolgen.

Weder der Westen noch der Osten wird Deutschland in eine Einheit entlassen, ohne zu wissen, in welchen Grenzen nicht nur geographischer Art sich dieses Deutschland bewegt. Die Vorbehaltsklauseln in den Verträgen, die der Bundesrepublik und der DDR einen verschiedenen Grad von Souveränität gegeben haben, sind nur die juristische Form dieses verständlichen politischen Willens.

Dieses Wissenwollen um die Grundelemente der Möglichkeiten Gesamtdeutschlands enthält einen legitimen Anspruch und unerfüllbare Wünsche.

Zu den unerfüllbaren Wünschen würde etwa gehören, daß die Vier Mächte, und nicht nur sie, sondern alle Unterzeichner eines Friedensvertrages, naturgemäß gern etwas darüber wissen möchten, wie die innere Entwicklung dieses Gesamtdeutschland verlaufen wird. Hier muß man ehrlicherweise sagen, daß dies niemand weiß. Die Geschichte hat immer wieder gezeigt, daß Vorkehrungen durch Verträge allein nicht genügen, um unerwünschte Entwicklungen zu verhindern. Außerdem kann auch niemand wissen, ob das, was heute unerwünscht ist, auch noch morgen oder übermorgen als unerwünscht gilt. Sicher hat man 1945 die Deutschen nie wieder bewaffnen wollen und hat entsprechende Vereinbarungen geschlossen, doch dann ist es anders gekommen. Aber dieser Gesichtspunkt gilt für jeden Vertrag: Er wird rebus sic stantibus geschlossen.

Ein Vertrag kommt nur zustande, wenn die Vertragschließenden glauben, er liege in ihrem Interesse. Und wenn sie außerdem überzeugt sind, daß diese Interessen für absehbare Zeit keinen wesentlichen Änderungen unterliegen. Dies bedeutet auf Deutschland übertragen, daß die vertragschließenden Teile der Auffassung sein müssen, die vereinbarte Lösung liege in ihrem Interesse, das sich voraussichtlich auch nicht ändern wird.

Wie sieht dieses Interesse nun aus, was die innere Entwicklung Gesamtdeutschlands angeht? Wenn befürchtet werden muß, daß dieses Gesamtdeutschland Appetit auf mehr bekommt, daß seine innere Entwicklung radikalisiert wird, dann würde das Zusammenfügen der beiden getrennten Teile nur eine Addition eines Revanchepotentials werden. Die Kräfte, die nach Veränderung drängen, würden sich summieren. Damit würden sich die Schwierigkeiten summieren, die die Welt von den Deutschen zu gewärtigen hätte. Unter Umständen, die eine derartige Entwicklung befürchten ließen, wird es keine deutsche Wiedervereinigung geben. Deshalb ist die innere Entwicklung der Bundesrepublik, ihre harte Ablehnung jedes Radikalismus, ihre demokratische Glaubwürdigkeit, eine direkte Voraussetzung, um überhaupt eine Bereitschaft der Vier Mächte zur deutschen Einheit entstehen zu lassen.

Dennoch wird das Mißtrauen, eine positive Entwicklung vorausgesetzt, bei den Mächten groß genug sein, um möglichst viele Sicherheiten für den Fall zu erhalten, daß die innere Entwicklung Gesamtdeutschlands nicht so verläuft, wie es sich auch die Repräsentanten Deutschlands während des Vertragsabschlusses erhoffen. Es würde eine Stärkung für die ruhige und gesicherte demokratische Entwicklung Gesamtdeutschlands sein, wenn in den Verträgen entsprechende Vorkehrungen enthalten wären. Hierin könnte keine Beeinträchtigung der Freiheit erblickt werden, weil Deutschland die Freiheit ja nicht dazu benutzen will, Unruhe zu stiften.

Mit anderen Worten: Deutschland muß bereit sein, entsprechende Garantien zu geben, die die berechtigten Sicherheitsinteressen der Vier Mächte und die seiner Nachbarn befriedigen.

Die Gestaltung der inneren Angelegenheiten Gesamtdeutschlands aber kann nur Sache der Deutschen sein. Die Art, in der wir unsere Wirtschaft führen, unsere Sozialgesetzgebung erlassen, unser Schulwesen organisieren wollen, all das entzieht sich der Festlegung durch einen Friedensvertrag. Es bedeutet allerdings auch, daß diese Angelegenheiten dann nur unter den Deutschen, d.h. zwischen den heute noch existierenden beiden Teilen vereinbart werden müssen.

Im Prozeß der Wiedervereinigung müssen die Deutschen an einen Tisch, oder es wird keine geben, denn niemand wird zwanzig Jahre, dreißig Jahre oder vierzig Jahre nach dem Ende des Zweiten Weltkrieges dem deutschen Volk sein jeweiliges Patentrezept auferlegen können.

Das Hauptinteresse in West und Ost gegenüber Gesamtdeutschland ist, daß Deutschland das Gleichgewicht der Sicherheit nicht stört. Gesamtdeutschland kann also weder dem Warschauer Pakt noch der Nato angehören.

Der Wunsch nach Sicherheit zwischen West und Ost bleibt aber gleich, d.h. es muß sich für Deutschland um eine Lösung handeln, die die Sicherheitsinteressen des Ostens wie des Westens zur Abschreckung eines Angriffs auf den anderen erhält.

Außerdem werden alle deutschen Nachbarn ihr Sicherheitsinteresse gegenüber Deutschland befriedigen wollen. Sie werden sichern wollen, daß nach menschlichem Ermessen ein Angriff von Deutschland auf sie oder einen von ihnen nicht mehr geschehen kann, bzw. Deutschland – selbst wenn es das wollte – wirksam davor abgeschreckt werden kann.

Last not least braucht aber auch Gesamtdeutschland Sicherheit. Nun ist nach Lage der Dinge in Deutschland keine besonders große Furcht vor einem Angriff aus dem Westen vorhanden, sondern nur die Sorge vor Gewaltanwendung aus dem Osten. Dieses legitime deutsche Sicherheitsinteresse muß gewährleistet werden.

Dies sind die Voraussetzungen, die ein europäisches Sicherheitssystem erfüllen müßte, denn wenn es auch formell vielleicht nur auf Deutschland ausgerichtet wäre, würde es praktisch doch ein europäisches sein, denn die Zusammenfügung der beiden getrennten Teile Deutschlands innerhalb des getrennten Europa, unter Zustimmung aller Beteiligten und unter Wahrung ihrer Sicherheitsinteressen, ist in Wirklichkeit ein europäisches Sicherheitssystem.

Sicherheit für und vor Deutschland

Dafür ließe sich folgende Konstruktion denken, die alle genannten Voraussetzungen erfüllen würde:

1. In einem Vertrag mit Gesamtdeutschland garantieren alle Vertragspartner die im Friedensvertrag für Deutschland festgelegten Grenzen und verpflichten sich, Deutschland im Falle eines Angriffs auf diese Grenzen mit allen ihnen zur Verfügung stehenden Mitteln bei der Abwehr zu helfen. Diese Bündnisverpflichtung könnte auch zweiseitig erfolgen.
2. Die Vier Mächte oder auch die den Friedensvertrag unterzeichnenden ehemaligen Kriegsgegner des Deutschen Reiches, soweit sie Grenzen mit Gesamtdeutschland haben, schließen einen Vertrag, der sie zur gegenseitigen Hilfeleistung verpflichtet für den Fall eines Angriffs von Deutschland auf einen anderen Staat.

Was wäre das Ergebnis eines derartigen Systems von Verträgen? Die deutsche Sicherheit wäre gewährleistet. Jedenfalls kann man davon ausgehen, daß für den unwahrscheinlichen Fall eines westlichen Angriffs auf Deutschland die Sowjetunion sich beeilen würde, nach Deutschland einzumarschieren oder ihm sonstige militärische Hilfe direkt oder indirekt zuteil werden zu lassen.

Aber unser Sicherheitsinteresse ist nach Osten gerichtet. Im Falle eines östlichen Angriffs wäre der Westen verpflichtet, Deutschland mit allen ihm möglichen Mitteln zu unterstützen. Dabei ist zu berücksichtigen, daß ein östlicher Angriff dann nicht dort beginnen würde, wo die sowjetischen Divisionen heute stehen, sondern mindestens hinter der Oder und Neiße. Er hätte vor sich einen größeren zu überwindenden Raum und eine Bevölkerung, die – nicht durch die Trennung geschwächt, sondern durch die Einheit gestärkt – entschlossenen Widerstand leisten würde. Das deutsche Verteidigungspotential, das dann voll an der Seite des Westens stünde, rekrutierte sich aus siebzig und nicht aus fünfundfünfzig Millionen Menschen, darunter sechzehn Millionen, denen die Rückkehr sowjetischer Divisionen mindestens ebenso unlieb wäre wie den heutigen Bundesbürgern.

Es ist aber nicht ausgeschlossen, daß ein sowjetischer Angriff östlich der polnischen Grenzen beginnen müßte, denn es ist unwahrscheinlich, daß die Sowjetunion die zwanzig Divisionen, die sie heute in der DDR unterhält, nach Polen verlegen könnte. Es ist nicht einmal sicher, daß die sowjetischen Garnisonen in Polen wesentlich verstärkt zu werden brauchen, denn die Sowjetunion hätte von einem Gesamtdeutschland bei einem derartigen Sicherheitssystem auch nicht mehr einen Vorwand zur Furcht. Jedenfalls aber würde sie eine Zeit brauchen, um ihre heute vor Kassel und Hamburg stehende Massierung von Angriffstruppen zu erreichen. Diese Massierung würde bei zunehmender Überwachung aus dem Weltraum nicht unbemerkt bleiben, und die Zeit einer wachsenden Spannung, in der das geschehen würde, könnte genützt werden.

Die letzten Überlegungen entsprechen auch den Interessen des Westens und nicht nur Deutschlands.

Es läge im Interesse des Westens, daß damit der Warschauer Pakt seinen deutschen Partner verlöre und die Widerstandskraft der Deutschen gegen einen Angriff aus dem Osten verstärkt würde.

Ein derartiges Vertragssystem würde den Sicherheitsinteressen der Sowjetunion entsprechen, denn es würde bedeuten, daß die Nato ihren deutschen Partner verliert und damit die revanchelüsterne Angriffsspitze, die die Bundesrepublik nach Meinung der Sowjetunion darstellt.

Den Sicherheitsinteressen aller Nachbarn Deutschlands wäre durch ein derartiges System Rechnung getragen, denn sie haben die

Bündnisgarantien aller anderen Vertragschließenden. Für den Fall eines deutschen Angriffs in irgendeine Richtung gegen irgendein Land wäre die Voraussetzung für eine verstärkte Klammer gegeben, wie wir sie aus dem letzten Krieg kennen. Jedermann kann davon ausgehen, daß nach menschlichem Ermessen für unabsehbare Zeit das gleichgerichtete wirkliche Interesse aller Nationen fortbestehen wird, eine gewaltsame Expansion Deutschlands zu verhindern.

Die Nato wird ersetzbar

Nun könnte man einwenden, daß eine Nato ohne Deutschland keine Nato mehr ist. Das Gegenargument, daß die Nato bekanntlich auch ohne die Bundesrepublik existiert hat und wirksam war, ist nicht sehr stichhaltig, denn die Bundesrepublik hat sich in der Zwischenzeit zur stärksten konventionellen Kontinentalmacht der Nato entwickelt, die man nicht ohne weiteres amputieren kann.

Hier ist jedoch zu fragen, ob die Nato heute noch das entscheidende Moment ist, das die Sicherheit Westeuropas garantiert. Dabei muß die Integration ihres Organisationsmechanismus zweifellos besonders hoch veranschlagt werden. Bei dem für die modernen militärischen Operationen eng gewordenen Raum Westeuropas ist eine Abwehrstrategie wohl nicht mehr im nationalen Rahmen zu entwickeln und vorzubereiten, obwohl französische Gedankengänge davon nicht auszugehen scheinen.

Die Reorganisation der Nato steht auf der Tagesordnung. Niemand weiß, wie sie am Ende der langjährigen Verhandlungen aussehen wird. Es ist eine hier nicht zu beantwortende Frage an militärische Sachverständige, ob nicht ein Organisations- und Befehlsmechanismus denkbar wäre, an dem Deutschland nicht beteiligt ist und der dennoch Gesamtdeutschland in seine strategischen Überlegungen einbezieht.

Aber wichtiger scheint das Argument zu sein, daß schon heute die Sicherheit Westeuropas nicht in entscheidendem Maße von der Nato abhängt, sondern von der Abschreckung ausgeht, die in den amerikanischen Interkontinentalraketen mit atomaren Sprengköpfen und dem amerikanischen strategischen Bomberkommando liegt. Die berechtigte Sorge der Sowjetunion, daß ein Angriff in Mitteleuropa nicht lokalisierbar ist, sondern das Risiko des Einsatzes der gesamten strategischen Waffen der Vereinigten Staaten einschließt, ist in Wahrheit das entscheidende Moment der Sicherheit. Diese Sicherheit würde auch bei dem vorgeschlagenen Vertragssystem unverändert erhalten bleiben.

Ein weiterer Einwand könnte lauten: Wenn Gesamtdeutschland nicht Mitglied der Nato ist, wer garantiert uns dann, daß die vertraglich zugesicherte Hilfe im Falle eines Angriffs auch wirklich erfolgt? Dazu ist zu sagen, daß bekanntlich auch die Nato keine Automatik der Hilfeleistung vorsieht und wir uns dennoch auf die gegebenen Garantien verlassen können. Es ist nicht einzusehen, warum sich Deutschland auf andere Verträge weniger verlassen oder einem in anderer Form gegebenen Wort weniger vertrauen sollte. Hinzu kommt, daß Deutschland davon ausgehen kann, daß die Interessen des Westens für unabsehbare Zeit gleich sein werden, d.h. eine gewaltsame Expansion der Sowjetunion zu verhindern. Durch Vertrag und Überzeugung würde der Westen die Sicherheit Gesamtdeutschlands ebenso garantieren, wie er das heute für die Bundesrepublik und West-Berlin tut.

Es ist ein verhältnismäßig untergeordneter Einwand, der fürchten könnte, Gesamtdeutschland würde in einem solchen Vertragssystem neutralisiert werden, da es weder der Nato noch dem Warschauer Pakt angehört. Dieser Einwand träfe nicht zu, denn Neutralisierung bedeutet Nichtbeteiligung gerade im Falle einer bewaffneten Auseinandersetzung. Das Vertragssystem geht aber mit Recht davon aus, daß Gesamtdeutschland im Falle eines Angriffs sich nicht nur verteidigen würde, sondern dafür auch die Hilfe seiner Verbündeten hätte.

Schließlich könnte eingewendet werden, daß dieses Vertragssystem nichts nütze für den Fall, daß die Sowjetunion einen Angriff plane. Dieser Einwand ist berechtigt. Aber er ist genauso berechtigt schon für den heutigen Zustand. Denn falls die Sowjetunion einen Angriff und damit einen dritten Weltkrieg will, hilft kein System, auch nicht das der Nato, sondern dann sind andere Gesichtspunkte für die Sowjetunion ausschlaggebend. Die Frage ist immer nur, ein Verteidigungssystem zu haben, das vor dem Angriff möglichst abschreckt und nicht dazu ermuntert. Dieses Moment trifft für das vorgeschlagene System genauso zu wie für das heutige der Bundesrepublik.

Im Gegenteil kann erwartet werden, daß das vorgeschlagene

System einen Angriff noch unwahrscheinlicher macht, als er heute schon ist. Denn bei seiner Verwirklichung würde das Gleichgewicht in Europa erhalten bleiben, die Lösung der deutschen Frage würde eine echte Entspannung in Europa schaffen, denn es gäbe dann in Europa kein Land mehr und kein Volk, das Änderungen bestehender Grenzen wünscht. Das Selbstbestimmungsrecht der Völker in Europa wäre verwirklicht und das, was man friedliche Koexistenz oder »peaceful competition« nennt, könnte geschehen. Die Spannungsursachen in Europa wären beseitigt. Nach menschlichem Ermessen wären damit die sicherheitsmäßigen Voraussetzungen erfüllt oder erhalten, um das allmähliche Zusammenwachsen Europas voranzutreiben.

Damit wäre die Nato überhaupt hinfällig. Sie hätte ihren Zweck erreicht. Neue Formen der Verpflichtung würden in einer neuen Lage demselben Zweck dienen und sie ersetzen. Damit würde auch der Warschauer Pakt erlöschen, denn er verliert seine Gültigkeit, wenn in Europa ein System der kollektiven Sicherheit und ein gesamteuropäischer Vertrag abgeschlossen werden.

Das vorgeschlagene Vertragssystem erfüllt alle bisher von den Vereinigten Staaten, der Sowjetunion, Frankreich, England und Deutschland gewünschten Voraussetzungen und geltend gemachten Gesichtspunkte für ein europäisches Sicherheitssystem, das die deutsche Wiedervereinigung einschließt.

Keine Atomlücke

Ein besonderes Moment bildet die Frage des Einsatzes von taktischen Atomwaffen. Wenn Gesamtdeutschland weder dem Warschauer Pakt noch der Nato angehört, so ist seine Beteiligung an irgendeiner multilateralen Atomwaffe unmöglich. Eine nationale Verfügungsgewalt über Atomwaffen ist unerreichbar. Niemand ist weit und breit zu sehen, der bereit wäre, Deutschland solche Waffen zu liefern. Eine eigene Herstellung scheidet aus.

Bekanntlich verfügt die Bundesrepublik nicht über atomare Waffen. Sie steht jetzt unter dem atomaren Schirm des Bündnisses. Dieser Schirm würde durch ein anderes Bündnis für Gesamtdeutschland zu erhalten sein, mit denselben strategischen Waffen.

Die Frage bleibt, wie die taktischen Atomwaffen ersetzt werden sollen, auf deren Gebrauch Bundeswehreinheiten geschult sind und deren Benutzung durch Bundeswehreinheiten vorgesehen ist, wenn die Vereinigten Staaten ihren Einsatz anordnen oder freigeben.

Zur Zeit scheint sicher zu sein, daß die Sowjetunion ein überlegenes Potential an Mittelstreckenraketen besitzt. Das Gleichgewicht dazu herzustellen liegt nicht in der deutschen Möglichkeit. Weder jetzt noch später. Insofern würde ein Sicherheitssystem für Gesamtdeutschland an diesem Problem nichts ändern, vorausgesetzt, es ist bis dahin noch immer ungelöst.

Wenn die für die Bundeswehr bereitgestellten taktischen Atomsprengköpfe aus Deutschland ausgelagert werden müßten, gäbe es zwei denkbare theoretische Möglichkeiten, dafür einen »Ersatz« zu schaffen. Die eine wäre die zusätzliche Stationierung von Mittelstreckenraketen in Großbritannien bzw. die Vermehrung der Polarisflotte. Die andere Möglichkeit bestünde in der stärkeren atomaren Ausrüstung amerikanischer Feuerwehrverbände oder die Verteilung dieser Atomsprengköpfe auf andere europäische Nato-Partner.

In diesem Falle ist nicht mit Frankreich zu rechnen, und es ist offen, ob Dänemark, die Benelux-Staaten und Italien logistisch befriedigend dafür einen Ersatz bieten. Es ergibt sich also eine denkbare Lücke in der Einsatzbereitschaft und Verteilung von Waffen der unteren Atomschwelle. Nun darf aber kein Sicherheitssystem, das an die Stelle des jetzigen tritt, das effektive Gleichgewicht zu Lasten des Westens ändern. Wenn es keinen Ersatz für die Träger der taktischen Atomsätze gibt, die heute die Bundeswehr stellt, dann ergäbe das die groteske Situation, daß diese atomaren Sprengköpfe, über die wir nicht verfügen, ein entscheidendes Hindernis zur Lösung der deutschen Frage sind.

Ist es so, daß der Preis, den die Bundesrepublik für ihre Sicherheit und die Sicherheit des Westens bezahlen muß, zu Lasten der deutschen Einheit geht? Das darf nicht so sein. Nicht nur, weil es eine fürchterliche Umkehrung der Voraussetzung eines deutschen Verteidigungsbeitrages wäre (nur durch die Wiederbewaffnung gäbe es eine Aussicht auf Wiedervereinigung, wurde damals gesagt), sondern weil es zu unabdingbaren Reaktionen in Deutschland kommen kann, wenn sich die Anschauung breit machen würde: die Bundesrepublik wird in einem Status minderen Rechts gehalten, soweit es atomare Waffen betrifft, aber selbst dieser Status minderen Rechts ist ein ausreichendes Hindernis zur Lösung der deutschen Frage.

In einer derartigen Konstellation läge ein politischer Sprengsatz von atomarer Zerstörungskraft deutschen Vertrauens.

An dieser Teilfrage wird ein Grundproblem deutlich, das sich für die Bildung Gesamtdeutschlands stellt: Die Desintegration der Bundesrepublik aus dem Sicherheitssystem der Nato. Dieses Problem muß im Interesse der deutschen Sicherheit und im Intersse der westlichen Sicherheit gelöst werden, wenn man ernsthaft an die deutsche Frage herangeht. Man könnte übertrieben sagen: Wie werden wir die Errungenschaften wieder los, auf die wir so stolz sind?

Es ist seit John F. Kennedy amerikanische Politik, die Glaubwürdigkeit der strategischen Abschreckung dadurch zu verstärken, daß die Atomschwelle möglichst hinausgeschoben wird, weil die Drohung mit dem Einsatz des großen Knüppels, gleichbedeutend mit dem Beginn eines interkontinentalen atomaren Schlagabtauschs, unglaubwürdig sei bei jedem kleinen, lokal begrenzten Angriff.

Daher ist man zur Stärkung der konventionellen Streitkräfte übergegangen, deren Einsatz im Ernstfalle den notwendigen zeitlichen Aufschub zur Ausschöpfung aller denkbaren diplomatischen Mittel zur Beilegung des drohenden Konflikts schaffen soll. In dieser Konzeption spielt die Bundeswehr heute eine wichtige Rolle, freilich mit der Möglichkeit, taktische Atomwaffen einsetzen zu können. In dieser Konzeption würden die Streitkräfte Gesamtdeutschlands auch eine wichtige Rolle spielen, selbst, wenn sie ausschließlich konventionell gerüstet wären. Ihre konventionelle Stärke müßte ausreichend sein, um den Gegner zu einer derartigen Massierung zu zwingen, daß seine Streitkräfte durch ihre Massierung atomar verwundbar werden.

Das zur Diskussion gestellte Sicherheitssystem setzt Streitkräfte Gesamtdeutschlands voraus. Ihre Stärke sollte von der Beantwortung der oben aufgeworfenen Frage abhängig gemacht werden. Diese Frage ist durch militärische Sachverständige zu beantworten. Die Sowjetunion hatte 1952 300000 Mann vorgeschlagen; einen westlichen Vorschlag gibt es nicht. Aber es ist wahrscheinlich, daß die zahlenmäßige Stärke gesamtdeutscher Streitkräfte größer sein müßte, als sie in dem erwähnten sowjetischen Vorschlag angegeben war.

Man kann davon ausgehen, daß im Falle eines massierten Angriffs auf Gesamtdeutschland aus dem Osten amerikanische Verbände mit atomarer Feuerkraft schnell genug wieder auf europäischem Boden sein könnten, um im wesentlichen die ihnen heute zugedachten Feuerstellungen zu beziehen, zumal ein solcher Angriff gegen den Widerstand einer gesamtdeutschen Armee erst Raum zu gewinnen hätte, bevor er Positionen erreicht hat, die heute seine Ausgangspositionen wären.

Es kann aber auch sein, daß die atomare Abschreckungsschwelle etwas zurückgenommen werden muß, daß also unter bestimmten Voraussetzungen sofort atomare Mittelstreckenraketen eingesetzt werden müßten. Jedenfalls gestattet die militärische Technik schon heute eine abgestufte Vergeltung auch ohne die Anwesenheit amerikanischer Truppen auf deutschem Boden vor dem Einsatz der großen strategischen Waffen. Dies ist der entscheidende Punkt für die praktische Wirksamkeit eines europäischen Sicherheitssystems.

Die französische Strategie der massiven Vergeltung in dem Augenblick, in dem klar ist, daß es sich nicht um einen lokal begrenzten Zwischenfall handelt, sondern um einen ernsten Angriff, stellt diese Probleme nicht, denn die Voraussetzungen für den Einsatz der Force de Frappe ließen sich analog auf Gesamtdeutschland übertragen.

Es wird hier davon ausgegangen, daß Frankreich sich der Organisation der Nato entzieht. Die damit einsetzende Entwicklung wird zeigen, daß die dadurch hervorgerufenen Veränderungen die Sicherheit Europas nicht gefährden. Das Risiko eines Angriffs bleibt für die Sowjetunion groß genug.

Für die Bundesrepublik steht ein Verlassen der Nato nicht zur Diskussion. Bei der Bildung Gesamtdeutschlands ist zwangsläufig, daß die Nato jenes Gebiet verliert, das heute Bundesrepublik heißt. Nun mag allenfalls die Nato ohne Frankreich, aber kaum ohne Frankreich und die Bundesrepublik vorstellbar sein. Aber unser Problem ist nicht, von heute bis in alle Ewigkeit die Nato zu erhalten, sondern Deutschland unter Umständen zu vereinigen, die allen Beteiligten dennoch Sicherheit geben. Die Nato ist ein Mittel zum Zweck, das die ihm gestellte Aufgabe erfüllt hat. In anderen Konstellationen wird man andere, dann adäquate Mittel brauchen, um den gleichen Zweck zu erfüllen.

Schon heute unterstehen 95 Prozent des Atompotentials nicht der Nato, sondern dem amerikanischen Präsidenten. Die amerikanische Strategie der abgestuften Abschreckung unterscheidet sich von der französischen der massiven Abschreckung. Beide strategischen

Konzeptionen enthalten, so geschlossen sie in sich sind, einige unbekannte Faktoren, von denen nur sicher ist, daß sie einander ausschließen. Es kann in diesem Zusammenhang dahingestellt bleiben, welche der beiden Konzeptionen in dem Ernstfall, den beide verhindern wollen, zum Tragen kommen würde. Ein wiedervereinigtes Deutschland würde, ebenso wie die Bundesrepublik heute, gewissermaßen unter dem Schutz beider Konzeptionen stehen, wobei niemand die ungleichen Gewichte der Potentiale übersieht, die hinter der amerikanischen und französischen Strategie stehen.

Deshalb reduziert sich das Problem für die hier angestellten Überlegungen auf die Frage: Was wird aus den taktischen Atomwaffen, für die die Bundeswehr heute Träger stellt, für den Fall einer Lösung der deutschen Frage? Die Rolle der Bundeswehr muß dann ersetzbar sein.

Es kommt hinzu, daß der Ausfall der Bundeswehr in ihrer heutigen Rolle ein westliches Verhandlungsangebot wäre, das einen adäquaten Preis von der Sowjetunion verlangen könnte, und daß das generelle Risiko der Lage in Mitteleuropa im Falle einer so gearteten Lösung für Gesamtdeutschland so entscheidend verringert würde, daß ein sowjetischer Angriff dann eine innere Entschlossenheit zum letzten Risiko voraussetzt, also von einer Art sein müßte, die die Eskalation einkalkuliert, also den Vorsatz zum dritten Weltkrieg. Dann aber folgen die einzelnen Stufen ohnehin in einer schnellen und nicht mehr revidierbaren Folge. Im Falle eines sowjetischen Vorsatzes aber hält keine Konstruktion, auch nicht die heutige. Die vorgeschlagene aber erhält das sowjetische Risiko mit der Notwendigkeit, zusätzlichen feindlichen Raum zu überwinden.

Planung und Waffen

Auch das wiedervereinigte Deutschland wird strategische und taktische Planungen für den Fall eines Angriffs mit seinen Verbündeten anstellen müssen. Es ist für einen deutschen Generalstab erforderlich zu wissen, mit welcher Art von Hilfe er in welcher Zeit und mit welchen Einsatzzielen rechnen kann. Besprechungen darüber wird es auch mit der Sowjetunion geben müssen, obgleich die deutsche Seite sie sicher nicht sehr intensiv betreiben wird, weil sie einen Angriff aus dem Westen nicht befürchtet.

Absprachen mit den westlichen Verbündeten werden hingegen sehr intensiv sein. Es liegt in der Souveränität Gesamtdeutschlands, selbst zu entscheiden, welchen Grad der Intensität einer strategischen Planung und entsprechender Absprachen es mit seinen einzelnen Verbündeten anstrebt. Derartige Absprachen ersetzen nicht die Verpflichtungen des Sicherheitssystems. Sie sind ihm untergeordnet und können nicht zu integrierten Stäben führen.

Die Frage nach der Bewaffnung und ihrer Beschaffung muß für ein Deutschland geklärt werden, das weder der Nato noch dem Warschauer Pakt angehört und dennoch, im Falle eines Angriffs aus dem Osten, zusammen mit seinen Verbündeten verteidigungsfähig sein muß. Die Eigenentwicklung des gesamten erforderlichen Geräts scheidet aus und ist auch nicht erforderlich. Deutschland könnte, soweit es selbst Entwicklung nicht vornimmt, mit Drittländern gemeinsame Produktionen aufnehmen oder auch arbeitsteilig Teilfertigungen übernehmen.

Schweden etwa hat auf einigen Gebieten der Luftwaffe beachtliche Erzeugnisse entwickelt. Die Anstrengungen Deutschlands und ihre Ergebnisse brauchten denen Schwedens nicht nachzustehen.

Dennoch wird das Problem der Typisierung von Waffen und die erforderlichen finanziellen Aufwendungen nicht einfach sein, da zu fürchten ist, daß jedenfalls im Anfang der Wirksamkeit eines derartigen europäischen Sicherheitssystems das Mißtrauen der Sowjetunion noch nicht so weit abgebaut sein wird, daß die volle Fortführung heutiger Lieferungen der Vereinigten Staaten hingenommen wird.

Aber diese Probleme müssen lösbar sein, wenn man nicht zu dem Ergebnis kommen wollte, daß sie bereits heute die Wiedervereinigung wirksam blockieren.

[...]

Deutschlands Rolle

Was die Deutschen sich und der Welt schuldig sind, ihre Selbstverwirklichung, steht noch aus. Viele von uns haben 1945 geträumt, daß die Niederlage uns dazu befreit hätte. Es blieb ein Traum, denn in der Wirklichkeit gab es kein Jahr Null. Wir hatten zu lernen, daß ein Volk von der Bürde der Verantwortung für andere und sich selbst nur frei bleiben kann, wenn es entmündigt bleibt. Ein Volk kann nicht leben, beschränkt auf Wirtschaft, Geist und Kunst. Der Glaube oder die Hoffnung sind gestorben, die totale Niederlage würde uns auch befreit haben von allem Handwerkszeug der Macht, das niemand anrühren kann, ohne es zu benutzen, ohne auf andere einzuwirken und ohne die Gefahr, schuldig zu werden. Es war und bleibt eine Illusion, das größte Volk im Zentrum Europas könnte das politische Dasein eines Eremiten führen. Aber weil es nicht in Zurückgezogenheit meditieren kann, muß es seinen Willen formen, wenn es nicht zum Spielball anderer werden will.

Die Aufgabe, Deutschland zu verwirklichen, ist geblieben. Sie ist nur schwerer geworden. Das, wovon wir 1945 träumten, ist endlich zu tun. Wir haben uns kein Wirtschaftswunder erdacht. Es war kein Materialismus, zu dem wir entlassen wurden aus einem Inferno von Tränen und Flüchen in eine Landschaft, in der der Konformismus sich auszahlte, hüben und drüben. Deutschland friedlich in der Familie der Völker, das war das Ziel und bleibt es.

Unsere Generation ist geprägt von dem Erlebnis, wie man ohne Schuld schuldig werden kann, und dem Erlebnis des Zusammenbruchs. Wir erfuhren, daß der Glaube und der Wille allein nicht helfen. Mögen sie auch von noch so wohltönenden oder leidenschaftlichen Worten begleitet sein. Wir wurden eine skeptische Generation, die rechnen lernte.

Dabei ist es das Kennzeichen dieses Landes, daß die Generationen einander in unerhörter Kurzfristigkeit folgen, wenn man davon ausgeht, daß das Denken einer Generation von gemeinsamem Erleben bestimmt ist. Wer 1915 geboren wurde, hat die Weimarer Republik nicht mehr mit Bewußtsein erlebt. Er war achtzehn, als Hitler die Macht bekam oder ergriff. Wer 1925 geboren wurde, verbindet mit der Vorkriegszeit allenfalls schöne Kindheitserinnerungen und konnte zum Ende des Krieges schon eine Uniform getragen haben. Wer 1935 geboren wurde, mag sich dunkel und schemenhaft an den Krieg und sein Ende erinnern. Als er wahlberechtigt wurde, gab es bereits die allgemeine Wehrpflicht wieder. Wer 1945 geboren wurde, wuchs mit der Teilung auf. Daß es früher ein Deutschland gab, lernte er in der Schule, und der Name Hitler ist für ihn Geschichte. Wie wird das Bewußtsein dessen aussehen, der 1955 geboren ist?

In einem Abstand von nur zehn Jahren folgen bei uns Generationen mit völlig unterschiedlichen Erlebnissen und Erinnerungen. Die vierzig jüngeren Jahrgänge der heute lebenden Deutschen sind subjektiv frei von jeder Schuld der »Tausend Jahre«. Die heute lebenden fünfzig jüngeren Jahrgänge waren zu jung, um die Ereignisse des Januar 1933 herbeizuführen oder verhindern zu können. Die Mehrheit des deutschen Volkes wird heute überwiegend politisch von Männern repräsentiert, die vor 1933 alt genug waren, um heute bemüht zu sein, die damaligen Fehler zu vermeiden. Es könnte zur Normalisierung der Politik in Deutschland beitragen, zu seinem Selbstbewußtsein, zu seiner Nüchternheit, wenn seine Politik stärker von Repräsentanten der jüngeren Mehrheit bestimmt würde.

Es ist sicher nicht die Schuld der Deutschen, daß ihre ungelösten Probleme die Welt noch immer belasten. Aber es kann ihre Mitschuld werden.

Die geschichtliche Wiedergutmachung der deutschen Vergangenheit kann nur erfolgen, wenn Deutschland sich selbst verwirklicht. Dieser Aufgabe kann man nicht ungestraft ausweichen. Auf sie sind alle lebenden Generationen verpflichtet.

Sie bedeuten nur äußerlich die Wiederherstellung eines deutschen Nationalstaates. In Wirklichkeit ist diese Aufgabe gleichbedeutend damit, die Mitte Europas gesunden zu lassen und damit dem Kontinent Frieden zu garantieren.

Fast ist die Erfahrung der letzten 125 Jahre in Vergessenheit geraten, daß das Schicksal Deutschlands nicht von dem anderer europäischer Nationen zu trennen ist. Es kann nicht gelingen, Europa, wenn dieses Wort nicht pervertiert werden soll, zu heilen, solange seine Mitte krank bleibt. Die innige, nicht einmal durch die Teilung lösbare gegenseitige Abhängigkeit zwischen dem Schicksal Deutschlands und dem seiner europäischen Nachbarn bedeutet, daß nichts Entscheidendes gegen den Willen der Deutschen geschehen kann und nichts Entscheidendes gegen den Willen seiner Nachbarn. Dies heißt, Deutschland muß politisch werden. Es muß für seine Nachbarn mitdenken. Der Schlüssel für die Überwindung der europäischen Teilung liegt in der politischen Weitsicht, dem Maß und der Staatskunst der Deutschen genauso, wie irgendwo sonst.

Die Mittel, über die Deutschland verfügt, sind begrenzt. Wir werden auch bei großen Anstrengungen keine größere physische Macht mehr werden können, als wir es heute sind. Es gibt Berechnungen, nach denen in ein bis zwei Jahrzehnten das machtmäßige Potential

Europas prozentual ebenso schrumpfen wird, wie das der Vereinigten Staaten und der Sowjetunion zugunsten Rotchinas. Was wir der Welt geben können, ist eine unseren Fähigkeiten und Möglichkeiten entsprechende wissenschaftliche Leistung und das Beispiel einer Außenpolitik ohne Gewalt.

Wir sind nüchtern genug, um zu wissen, daß der Ausgleich von Interessen auch politischen Druck erfordert. Aber die deutsche Außenpolitik wird darauf angewiesen bleiben, ihre Intentionen nur insoweit durchsetzen zu können, als es ihr gelingt, die Interessen anderer in Ost und West mit den eigenen auf einen Nenner zu bringen. Solange die Bundesrepublik Mitglied der Nato ist, hat sie ihren Beitrag für die Sicherheit der Gemeinschaft zu leisten, um die Abschreckung glaubhaft zu erhalten. Aber das eigentliche Ziel Deutschlands kann nur sein, im Schutze dieses Gleichgewichts ein neues Gleichgewicht herzustellen und damit an die Spitze der Völker zu treten, für die die Gewalt zur Durchsetzung ihrer Ziele ausscheidet und die damit einen neuen Typ von Außenpolitik in einer Zeit einleiten, in der die meisten Staaten nicht über Atomwaffen verfügen werden und in denen die beiden Großmächte in ihren Bewegungsmöglichkeiten zum Teil wegen der Zerstörungsmittel, über die sie verfügen, gelähmt sind. Im atomaren Zeitalter, in dem das Interesse der Atommächte darin liegt, den dritten Weltkrieg zu vermeiden, haben die nicht-atomaren Mächte mit Hilfe der Großen die Aufgabe, begrenzte Kriege zu vermeiden und eine Außenpolitik der Offenheit und des friedlichen Ausgleichs zu entwickeln. Eine Last würde von den Völkern in Ost und West genommen, wenn die Deutschen daran gingen, eine derartige Außenpolitik zu entwickeln und durchzuführen.

Im Zeitalter des offenen Himmels belauern sich die Großmächte, nicht um dem anderen den entscheidenden Schlag zu versetzen, sondern um vor Überraschungen sicher zu sein. Deutschland ist ein für allemal ausgeschieden aus dem Kreis der Mächte, die mit der Androhung von Gewalt die Durchsetzung politischer Ziele erzwingen können. Das deutsche militärische Potential, heute geteilt, dient der Komplettierung der beiden Sicherheitssysteme und schafft damit selbst Sicherheit für die beiden Teile Deutschlands. Die Möglichkeit, im Geheimen so viel zu rüsten, daß damit »schlagartig« eine neue Lage geschaffen werden könnte, gibt es nicht mehr. Die Deutschen sind zu fürchten von den Russen als amerikanische Speerspitze. Von den Amerikanern und den westeuropäischen Völkern, falls sie die Potenz bekämen, einen großen Konflikt auslösen zu können. Die Sorgen beider Seiten könnten aufgehoben werden, wenn die Deutschen vereint, einsehbar und offen, in einem europäischen Sicherheitssystem ihre Rolle der Friedenserhaltung spielen würden.

Die deutsche Außenpolitik kann nicht auf unausgesprochenen Erwartungen beruhen. Bei der Verflechtung der deutschen Frage mit den Problemen, den Sorgen und Interessen der Weltpolitik und aller europäischen Nachbarn ist es unmöglich, deutsche Ziele im Stil des 19. Jahrhunderts durchzusetzen, indem man einen gegen den anderen ausspielt, indem man Geheimbündnisse schafft, indem man Rückversicherungsklauseln paraphiert. Das Handwerkszeug Bismarcks ist unbrauchbar geworden. Die deutsche Außenpolitik muß offen und öffentlich ihre Ziele darlegen und verfolgen. Sie muß dafür in Ost und West die gleiche Sprache sprechen, dieselben Prinzipien vertreten. Sie darf nicht im Osten den nationalen Nachholbedarf decken und im Westen vorleistungsgeneigt ihren supranationalen Idealismus vertreten. Wenn die deutsche Außenpolitik einig und klar gegenüber der Öffentlichkeit ihre Ziele verfolgt, dann wird es auch möglich sein, die Verhandlungen zu ihrer Durchsetzung so abgeschirmt zu führen, wie das erforderlich ist.

Die deutsche Außenpolitik wird, gestützt auf den Wert Deutschlands in der Mitte Europas, gestützt durch das deutsche Potential an Wissen und Wirtschaft, so viel Macht besitzen, wie sie versteht, was die Macht der Tatsachen bedeutet.

Es kann Zweifel geben, ob die Epoche schon da ist, in der eine derartige Politik erfolgreich durchzuführen ist. Es lassen sich immer Gründe finden zu sagen, es sei zu früh. Die Entwicklung im sowjetischen Machtbereich verläuft nicht gradlinig und kontinuierlich. Perioden der Abkühlung und der Rückfälle sind unausweichlich. Aber es gibt Leute im Westen, die sich darüber freuen, weil sie die Frist verlängern, in der wir unbequemen Problemen ausweichen können. Indem wir das tun, vergeben wir die Chance, auf diese Entwicklung einzuwirken. Unser Nachholbedarf an öffentlichem Nachdenken über die Möglichkeiten zur Lösung der deutschen Frage mehr als zwanzig Jahre, nachdem die Teilung begonnen hat, ist so groß, daß dieser Prozeß im Vorfeld der eigenen Aktionen nicht früh genug begonnen werden kann. Die Taktik kommt immer noch zeitig genug. Vor uns liegt eine Epoche, in der die Chancen ausgelotet werden müssen. Niemand kann wissen, ob sie wirklich zum Ziel führen. Aber Deutschland würde seinen moralischen Anspruch auf Einheit verlieren, wenn es sie nicht einmal wahrnähme. Mit jedem Jahr wird die Verkrustung der deutschen Teilung schwerer aufzubrechen. Mit jedem Jahr, das ungenutzt mit dem guten Vorsatz verstreicht, wir wollten auch im kommenden Jahr wie bisher eine Politik der Wiedervereinigung verfolgen, wächst die Gefahr, es könnte überhaupt zu spät sein.

Das »Bahr-Papier«
(1970)

Die politischen Gespräche, die Anfang 1970 begannen und im August zum Moskauer Vertrag führten, mußten umfassend sein, das heißt, das ganze Konzept des Gewaltverzichts mit seinen Auswirkungen gegenüber Polen, der Tschechoslowakei und vor allem der DDR ausformen. Damit wurde nicht nur einem Interesse der Führungsmacht des Warschauer Vertrages Genüge getan, es legte diese Führungsmacht auch selbst fest. Das war nötig; denn das Interesse Moskaus an der Entspannung mit Bonn mußte später im wesentlichen die DDR in Berlin bezahlen. Der Widerstand dagegen kostete Ulbricht die Führung; fast zwanzig Jahre danach ist es seinem Nachfolger Honecker ähnlich gegangen.

Die zehn Punkte des »Bahr-Papiers« waren auf die kürzeste Formel gebracht das einheitliche Ganze der Ost-Politik bis zum grünen Licht für die europäische Konferenz in Helsinki 1975. Seine Veröffentlichung durch Indiskretion hat die Vertragsverhandlungen dann erschwert, konnte aber Wesentliches nicht mehr ändern.

Zwei Punkte fehlten: der Brief zur Deutschen Einheit, der sich seit der ersten Gesprächsrunde mit Gromyko aufdrängte und fast von selbst schrieb: Es mußte klar sein, daß unser Recht auf Selbstbestimmung kein Bruch des Vertrages sein durfte. Und Berlin, das ein Angelpunkt der Entspannungspolitik war, obwohl die Deutschen völkerrechtlich darüber gar nicht verhandeln durften.

I.

Die Bundesrepublik Deutschland und die Union der Sozialistischen Sowjetrepubliken betrachten es als wichtiges Ziel ihrer Politik, den internationalen Frieden aufrechtzuerhalten und die Entspannung zu erreichen.

Sie bekunden ihr Bestreben, die Normalisierung der Lage in Europa zu fördern und gehen hierbei von der in diesem Raum bestehenden wirklichen Lage und der Entwicklung friedlicher Beziehungen auf dieser Grundlage zwischen allen europäischen Staaten aus.

II.

Die Bundesrepublik Deutschland und die Union der Sozialistischen Sowjetrepubliken werden sich in ihren gegenseitigen Beziehungen sowie in Fragen der Gewährleistung der europäischen und internationalen Sicherheit von den Zielen und Prinzipien, die in der Satzung der Vereinten Nationen niedergelegt sind, leiten lassen.

Demgemäß werden sie ihre Streitfragen ausschließlich mit friedlichen Mitteln lösen und übernehmen die Verpflichtung, sich in Fragen, die die europäische Sicherheit berühren, sowie in ihren bilateralen Beziehungen gemäß Artikel 2 der Satzung der Vereinten Nationen, der Drohung mit Gewalt oder der Anwendung von Gewalt zu enthalten.

III.

Die BRD und die SU stimmen in der Erkenntnis überein, daß der Friede in Europa nur erhalten werden kann, wenn niemand die gegenwärtigen Grenzen antastet.

Sie verpflichten sich, die territoriale Integrität aller Staaten in Europa in ihren heutigen Grenzen uneingeschränkt zu achten.

Sie erklären, daß sie keine Gebietsansprüche gegen irgend jemand haben und solche in Zukunft auch nicht erheben werden.

Sie betrachten heute und künftig die Grenzen aller Staaten in Europa als unverletzlich, wie sie am Tage der Unterzeichnung dieses Abkommens verlaufen, einschließlich der Oder-Neiße-Linie, die die Westgrenze der Volksrepublik Polen bildet, und der Grenze zwischen der BRD und der DDR.

IV.

Das Abkommen zwischen der Bundesrepublik Deutschland und der Union der Sozialistischen Sowjetrepubliken berührt nicht die früher geschlossenen zweiseitigen und mehrseitigen Verträge und Abkommen beider Seiten.

V.

Zwischen der Regierung der Bundesrepublik Deutschland und der Regierung der Union der Sozialistischen Sowjetrepubliken besteht

Einvernehmen darüber, daß das von ihnen zu schließende Abkommen über ... (einzusetzen die offizielle Bezeichnung des Abkommens) und entsprechende Abkommen (Verträge) der Bundesrepublik Deutschland mit anderen sozialistischen Ländern, insbesondere die Abkommen (Verträge) mit der Deutschen Demokratischen Republik (vgl. Ziffer 6), der Volksrepublik Polen und der Tschechoslowakischen Sozialistischen Republik (vgl. Ziffer 8), ein einheitliches Ganzes bilden.

VI.

Die Regierung der Bundesrepublik Deutschland erklärt ihre Bereitschaft, mit der Regierung der Deutschen Demokratischen Republik ein Abkommen zu schließen, das die zwischen Staaten übliche gleiche verbindliche Kraft haben wird wie andere Abkommen, die die Bundesrepublik Deutschland und die Deutsche Demokratische Republik mit dritten Ländern schließen. Demgemäß will sie ihre Beziehungen zur Deutschen Demokratischen Republik auf der Grundlage der vollen Gleichberechtigung, der Nichtdiskriminierung, der Achtung der Unabhängigkeit und der Selbständigkeit jedes der beiden Staaten in Angelegenheiten, die ihre innere Kompetenz in ihren entsprechenden Grenzen betreffen, gestalten.

Die Regierung der Bundesrepublik Deutschland geht davon aus, daß sich auf dieser Grundlage, nach der keiner der beiden Staaten den anderen im Ausland vertreten oder in seinem Namen handeln kann, die Beziehungen der Deutschen Demokratischen Republik und der Bundesrepublik Deutschland zu dritten Staaten entwickeln werden.

VII.

Die Regierung der Bundesrepublik Deutschland und die Regierung der Union der Sozialistischen Sowjetrepubliken bekunden ihre Bereitschaft, im Zuge der Entspannung in Europa und im Interesse der Verbesserung der Beziehungen zwischen den europäischen Ländern, insbesondere der Bundesrepublik Deutschland und der Deutschen Demokratischen Republik, Schritte zu unternehmen, die sich aus ihrer entsprechenden Stellung ergeben, um den Beitritt der Bundesrepublik Deutschland und der Deutschen Demokratischen

Republik zur Organisation der Vereinten Nationen und zu deren Sonderorganisationen zu fördern.

VIII.

Zwischen der Regierung der Bundesrepublik Deutschland und der Regierung der Union der Sozialistischen Sowjetrepubliken besteht Einvernehmen darüber, daß die mit der Ungültigkeit des Münchener Abkommens verbundenen Fragen in Verhandlungen zwischen der Bundesrepublik Deutschland und der Tschechoslowakischen Sozialistischen Republik in einer für beide Seiten annehmbaren Form geregelt werden sollen.

IX.

Die Regierung der Bundesrepublik Deutschland und die Regierung der Union der Sozialistischen Sowjetrepubliken werden die wirtschaftlichen, wissenschaftlich-technischen, kulturellen und sonstigen Beziehungen zwischen der Bundesrepublik Deutschland und der Union der Sozialistischen Sowjetrepubliken im Interesse beider Seiten und der Festigung des Friedens in Europa fortentwickeln.

X.

Die Regierung der Bundesrepublik Deutschland und die Regierung der Union der Sozialistischen Sowjetrepubliken begrüßen den Plan einer Konferenz über Fragen der Festigung der Sicherheit und Zusammenarbeit in Europa und werden alles von ihnen Abhängende für ihre Vorbereitung und erfolgreiche Durchführung tun.

Der Vertrag mit der Sowjetunion
(1970)

Der folgende Kommentar, abgedruckt in der Dokumentation der Bundesregierung, lenkte die Aufmerksamkeit auf die ausstehende Berlin-Regelung, von der die Ratifizierung des Moskauer Vertrages abhängig gemacht worden war. Es wurde die komplizierteste Aufgabe: die vitalen deutschen Interessen einzubringen, ohne am Tisch der Vier Mächte zu sitzen.

Das Transitabkommen mit der DDR (Dezember 1971) schuf dann erstmals nach dem Kriege eine Rechtsgrundlage für den zivilen deutschen Verkehr von und nach Berlin, brachte die Stadt aus der Unsicherheit ständigen erpresserischen Drucks heraus und dokumentierte auch erstmals nach dem Kriege, daß eine Vereinbarung der vier ehemaligen Sieger über Deutschland nicht ohne die Mitwirkung der beiden deutschen Staaten möglich war. Das Modell 2 + 4 wurde erfolgreich erprobt.

25 Jahre nach dem Ende des Krieges hat Deutschland noch immer keinen Friedensvertrag und ist geteilt. Zwei Staaten existieren in Deutschland. Es ist nicht abzusehen, wann sich diese Lage ändert. Die Vier Mächte haben deshalb noch immer Rechte in bezug auf Deutschland als Ganzes und Berlin. Es ist ebensowenig abzusehen, wie lange sie diese Rechte noch haben und behalten müssen.

Die Bundesrepublik Deutschland ist einbezogen in zahlreiche Verträge mit dem Westen. Die DDR ist einbezogen in zahlreiche Verträge mit dem Osten. Auch daran wird sich nichts ändern.

Die Bundesrepublik Deutschland und die Sowjetunion haben in den zurückliegenden zwanzig Jahren, auch nach Aufnahme der diplomatischen Beziehungen, in einem Verhältnis des gegenseitigen Mißtrauens, ja der Feindseligkeit gelebt.

Beide Staaten haben von ihren gegenseitigen Erfahrungen gelebt. Beide Seiten standen und stehen vor der Frage, ob dies so bleiben muß. Ob es so bleiben muß, solange Deutschland geteilt ist und keinen Friedensvertrag hat. Ob es so bleiben muß für eine Zeit, die niemand bemessen kann. Wer auf diese Frage mit einem Ja antwortet, spricht zugleich sein Urteil über die Hoffnungen und Wünsche der Deutschen in beiden Teilen Europas, die Gräben zuschütten und endlich einander wieder näherkommen wollen.

Die Regierungen der Bundesrepublik Deutschland und der Sowjetunion unternehmen mit dem Vertrag den Versuch, ausgehend von der Lage, wie sie ist, das gegenseitige Verhältnis zu verbessern. Dabei kann man sicher sein, daß ein Erfolg nicht nur keinem anderen schaden wird, sondern vielen anderen Staaten und Völkern nutzen wird. Wenn der Frieden in Europa sicherer und die Zusammenarbeit verstärkt werden soll, dann müssen die Grenzen, die es nun einmal gibt, auch wenn uns ihr Verlauf gar nicht gefällt, geachtet werden und unverletzlich sein.

Die Bundesrepublik hat eine solche Politik in Wirklichkeit schon bisher verfolgt. Dennoch wird es ein Unterschied sein, wenn sie sich dazu gegenüber der Sowjetunion und anderen Staaten Osteuropas vertraglich verpflichtet. Schon die Regierung der Großen Koalition hat erklärt, daß die Bundesrepublik Deutschland keinerlei territoriale Ansprüche habe. Aus dieser Erklärung wird durch den Vertrag eine Verpflichtung. Den Worten folgen Taten.

Aber diese Verpflichtungen, so ernst, so ehrlich und so notwendig sie sind, müssen begrenzt sein durch zwei Faktoren:

1. Solange die Rechte der Vier Mächte bestehen, kann die Bundesrepublik Deutschland über diese Rechte nicht verfügen; sie kann die völkerrechtliche Anerkennung der Grenzen auf deutschem Boden nicht vornehmen, selbst wenn sie das wollte. Es gibt keinen Friedensvertrag, und das wirkt sich aus.

2. Das Ziel der Bundesrepublik Deutschland, wie es im Grundgesetz verankert ist und wie es unserer Überzeugung entspricht, bleibt unverändert die staatliche Einheit und die freie Selbstbestimmung. Der Versöhnung mit den Völkern des Westens kann eine Aussöhnung mit den Völkern des Ostens nur folgen, wenn dem deutschen Volk das Ziel seiner Einheit nicht versperrt wird. Anders würde an die Stelle des alten Mißtrauens ein neues gesetzt werden.

Es wäre auch falsch, wollte irgend jemand den Eindruck erwekken, daß es zwischen der Sowjetunion und der Bundesrepublik Deutschland nicht auch nach Abschluß dieses Vertrages Streitfragen geben wird. Man braucht dies nicht einmal zu begründen. Aber es liegt in der Logik des Vertrages, daß für die Lösung von Streitfragen, welcher Art auch immer, nicht nur Gewalt sondern auch die Androhung von Gewalt ausscheiden muß. Es hat einen tiefen Sinn, daß der Bezug auf die Feindstaatenartikel aus den Beziehungen zwischen der Sowjetunion und der BRD durch den Vertrag verschwinden werden. Die Bundesrepublik Deutschland verfügt nicht über diese Artikel. Hier hatte allein die Sowjetunion zu verzichten. Und dieser Verzicht ist vollständig.

In ihm drückt sich das sowjetische Vertrauen aus, daß die Bundesrepublik Deutschland, anders als es zwanzig Jahre lang in den sowjetischen Organen der Presse, des Rundfunks und des Fernsehens zu lesen und zu hören war, ein friedliebender Staat ist. Zu den Leistungen der Sowjetunion und anderer Staaten in Osteuropa wird es gehören, für die dort lebenden Menschen das Zerrbild über die Bundesrepublik Deutschland zu beseitigen und statt dessen jenes Bild zu vermitteln, das den Realitäten entspricht: die überwältigende Mehrheit unserer Bevölkerung hegt keine Gefühle der Feindschaft gegenüber den Völkern des Ostens und wünscht eine Aussöhnung; den Frieden brauchen alle Völker wie das tägliche Brot.

Nur aus dem Ende der Feindseligkeit und des Mißtrauens kann sich jene Atmosphäre entwickeln, in der große Projekte der wirtschaftlichen Zusammenarbeit verwirklicht werden können. Der zusammenwachsende westeuropäische Markt findet in Osteuropa Möglichkeiten, die zum Nutzen beider Seiten ausgeschöpft werden können, wenn die Signale der Entwicklung auf Frieden und Vertrauen stehen.

Dazu muß Berlin aus einer Situation befreit werden, in der es, wie die Erfahrung gezeigt hat, jederzeit zu einem Gebiet der Spannung werden kann. Hier geht es weniger um Vorbedingungen als vielmehr um die Logik der Wirklichkeit: Niemand wird sicher sein, wenn Berlin nicht sicher ist. Es kann keine Entspannung in Europa geben, wenn es keine Entspannung in Berlin gibt. Der Abschluß des Vertrages wird die Verhandlungen der Vier Mächte fördern. Die Bundesregierung, die juristisch gesehen keine Kompetenzen hat, über Berlin zu verhandeln, hat vitale Interessen für und in Berlin, und der Bundeskanzler, dessen politischer Weg untrennbar mit dieser Stadt verbunden ist, ist für diese Stadt im Wort. In allen wichtigen Hauptstädten der Welt weiß man das.

Niemand kann und wird vergessen, daß die schwierigen Verhandlungen mit der sowjetischen Regierung nicht zu diesem Ergebnis geführt hätten, wenn die Bundesrepublik nicht in der Sicherheit des westlichen Bündnisses stünde und mit der Deckung der drei Mächte verhandelt hätte. Ohne diese Basis wären die Verhandlungen ein Abenteuer gewesen, das niemand hätte wagen dürfen. Auf dieser Basis könnte ein Vertragswerk geschaffen werden, das ein Grundstein für Vertrauen und Zusammenarbeit werden soll und eine Hoffnung für Europa.

Wandel durch Annäherung – zehn Jahre nach Tutzing
(1973)

Mit einer sicheren Mehrheit als Ergebnis der Bundestagswahl 1972 war der Grundlagenvertrag zwischen der Bundesrepublik und der DDR gebilligt worden. Das Bundesverfassungsgericht hatte den Antrag Bayerns abgelehnt, wie man jetzt noch genauer weiß, zu Recht, und festgestellt, daß der Vertrag die Teilung Deutschlands nicht besiegelt.

Das Konzept der zweiseitigen Ostverträge war praktisch verwirklicht. Nun mußte Gewaltverzicht auf die europäische Ebene übertragen werden.

Nachdem Präsident Nixon im Jahre 1972 den ersten Vertrag zur Begrenzung von strategischen Waffen (SALT) in Moskau unterzeichnet hatte und der Vietnam-Krieg beendet wurde, standen die Zeichen gut dafür, die gegenseitige Abhängigkeit und Rücksichtnahme der beiden Weltmächte auf Europa zu übertragen. Beide Seiten sollten gemeinsame Sicherheitsinteressen suchen, so hatte Brandt schon zehn Jahre zuvor angeregt.

I.

Vor 10 Jahren ist hier eine sehr bedeutende Rede gehalten worden. In ihr hieß es:

»Für die deutsche Außenpolitik galt als oberstes Prinzip die Sicherung des Restes …
Alles andere wurde diesem Prinzip untergeordnet. Die Sicherung des freien Restes war erforderlich. Ich sehe das als nüchterne Feststellung. Die Aussöhnung mit den ehemaligen Gegnern im Westen, die Einbeziehung in die westliche Gemeinschaft, waren die unerläßlichen Mittel einer solchen Politik. Der Kanzler stellte sich dabei auf den Standpunkt, daß es auf ein paar Schönheitsfehler nicht ankomme, daß deutsche Vorleistungen sich zuletzt als deutsche Pluspunkte erweisen würden und daß die deutsche Einheit sich mit einer

gewissen Folgerichtigkeit dann auch einstellen würde. Aber ohne jeden Zweifel wurde das Ringen um Selbstbestimmung für das ganze Volk der Sicherung des freien Teiles nachgeordnet.«

In dieser Rede wurde ausgeführt, daß die weltpolitischen Zeichen für einen groß angelegten Versuch sprechen, den Status quo militärisch zu fixieren, um ihn politisch zu überwinden.

Die Bundesrepublik Deutschland dürfe sich dieser Entwicklung nicht entziehen. Sie verlange die Erkenntnis, »daß es keine andere Aussicht auf die friedliche Wiedervereinigung unseres Volkes gibt als den nicht erlahmenden Versuch, die Erstarrung der Fronten zwischen Ost und West aufzubrechen. Gerade weil das Deutschland-Problem so sehr in das Verhältnis zwischen Ost und West eingebettet ist, gibt es für uns keine Hoffnung, wenn es keinen Wandel gibt.« Diese Rede ist von dem damaligen Regierenden Bürgermeister von Berlin gehalten worden. Niemand wird dem heutigen Bundeskanzler vorwerfen können, daß er nicht schon vor 10 Jahren sein Konzept mit aller Klarheit und Logik dargelegt habe. Es reicht sogar ohne Bruch noch weiter zurück. Ich komme auf einige in jeder Beziehung dieses Wortes brandaktuelle Bezüge dieser Rede zurück.

Es ist kein Zufall, daß die kurzen Bemerkungen, die ich seinerzeit als Diskussionsbeitrag gemacht habe, ein relativ länger wirkendes Echo hatten. Es ist deshalb kein Zufall, weil die Anwendung der von Willy Brandt entwickelten Grundsätze auf die DDR plastischer, unbequemer, emotioneller wirkten als die Prinzipien.

»Wandel durch Annäherung« ist das Konzept für die Haltung der Nation, solange sie geteilt ist. Es ist ein Konzept, das seit diesem Sommer, zu einem wirksamen Vertrag geworden, seine Bewährung begonnen hat. 10 Jahre waren dazu erforderlich, und in 10 Jahren ist die Welt nicht stehengeblieben.

Damals schien es mir die einzige Möglichkeit, über ein vielleicht zeitlich begrenztes Zwischenstadium zur staatlichen Einheit zu kommen. Heute ist nicht der Irrtum über die theoretische Machbarkeit klar, sondern darüber, daß die Ereignisse selbst einen anderen Weg genommen haben. Nicht nur die damalige Bundesregierung zog einen anderen Weg vor. Festzustellen ist, daß ein Jahr später, im Jahre 1964, jener Freundschaftsvertrag zwischen der Sowjetunion und der DDR geschlossen wurde, der der DDR in dieser Form erstmalig eine Existenzgarantie gab. In der Regierungsverantwortung lernt man unter anderem, den Streit unter der Überschrift »Was wäre wenn« anderen zu überlassen. Heute läßt sich sagen, daß das damalige Konzept nicht mehr für eine begrenzte Übergangszeit gilt, sondern unbegrenzt, solange es die beiden deutschen Staaten gibt, solange also der Grundlagenvertrag zwischen ihnen gilt.

II.

Ein Kern der damaligen Überlegungen bestand in der Auffassung, daß die Bundesrepublik Deutschland erwachsen genug sei, ihre eigenen Interessen zu verfolgen, wie dies alle anderen Staaten auch tun, und in voller Loyalität zu den Partnern des Bündnisses den Teil der Entspannung zu vollziehen, den nur sie allein leisten konnte. Geographie und Geschichte, kaum veränderbare Faktoren, schrieben dies vor. Das Ergebnis war ein Gebäude von Verträgen, die auf dem Prinzip des Gewaltverzichts beruhen und die bilateral zwischen der Bundesrepublik und denen abgeschlossen wurden, die ein Interesse daran hatten.

Ich kann mich noch gut an den Spott erinnern, mit dem der Gewaltverzicht im In- und Ausland bedacht wurde. Die Sowjetunion, atomar und auch sonst hoch gerüstet, werde tief beeindruckt sein von dem Gewaltverzicht der kleinen Bundesrepublik, tönte es auf bajuwarisch. Diese Stimmen wurden ein wenig ruhiger nach dem Hinweis, daß damit in der Tat die Sowjetunion auf mehr zu verzichten haben würde als die Bundesrepublik Deutschland, und heute ist der Gewaltverzicht ein tragendes Element der Beziehungen zwischen der Sowjetunion und den Vereinigten Staaten von Amerika. Heute soll der Gewaltverzicht ein tragendes Prinzip des Verhältnisses zwischen den europäischen Staaten werden, über das die Konferenz in Helsinki beschließen will.

Die Sowjetunion, Polen und die CSSR waren die notwendigen Partner eines bilateralen Gewaltverzichts, der unvollständig gewesen wäre, hätte er die DDR ausgeklammert.

Ein anderer Kern der damaligen Überlegungen war, daß die erklärte und verfolgte Politik der Umgehung, der Isolierung der DDR, zum Scheitern verurteilt sein würde, weil schon damals unsere Politik eine gewollte oder ungewollte Solidarisierung der anderen Staaten des Warschauer Vertrages mit der DDR bewirkte.

Ein drittes Element wuchs aus der Erkenntnis, daß die Lösung der deutschen Frage weder als Anschluß noch als einmaliger Akt, sondern nur als Ergebnis eines geschichtlichen Prozesses vorstellbar geworden war. Dies aber hieß, daß die Staatlichkeit der DDR nicht länger geleugnet werden konnte und daß im nationalen Interesse die Frage zu stellen war, ob nicht eine Annäherung möglich ist. Um den schrecklichen Zustand des Kalten Krieges zu überwinden und einen Wandel jenes Zustandes herbeizuführen, in dem die beiden Staaten, und nicht zuletzt die in ihnen lebenden Menschen, sich immer weiter voneinander entfernten.

10 Jahre sind eine sehr lange Zeit, mehr als ein Drittel der Zeit, in der dieses Land gespalten ist. 10 Jahre sind auch eine lange Zeit für diejenigen, die vielleicht geglaubt haben, der Weg von der Theorie bis zu ihrer vertraglichen Umsetzung sei leichter und schneller. 10 Jahre sind sehr kurz in der Geschichte unseres Volkes. Von der bedingungslosen Kapitulation bis zum Beginn der Wiederbewaffnung vergingen weniger als 10 Jahre. Die grundsätzlichen Entscheidungen für die West-Integration brauchten damals vom Aushandeln bis zum Inkraftsetzen des Vertragswerkes 3 Jahre, von 1952–55. Es trifft sich eigentümlich, daß die Ost-Verträge auch nicht schneller gingen.

Wir werden sogar erheblich mehr Zeit brauchen, wenn wir den Ratifizierungsprozeß des Vertrages mit Prag dazunehmen. Außerdem können Jahre vergehen, ehe die Nachfolgeabkommen des Grundvertrages vereinbart sind und sich »eingespielt« haben. Die deutschen Menschen und Staaten beginnen den Umgang miteinander zu erproben, hoffentlich ohne häufig zu stolpern. Auch sind die beiden an der Teilung Kranken noch nicht vor Rückfällen sicher.

Wer das Gebäude auf dem Reißbrett lange fertig hat, möchte manchmal verzweifeln, wie lange der Bau dauert bis und wenn er endlich begonnen wird. Ich möchte den anderen Eindruck nicht leugnen: Von Erfurt und Kassel, den Paradebeispielen von Chancen und Grenzen für Eisbrecher, über die Kritik der Springer-Presse gegen den DDR-Stander für Staatssekretär Kohl an meinem Dienstwagen, der Unentschiedenheit, wie die erste Landung einer Bundeswehrmaschine in Schönefeld zu sehen ist, bis zu der fehlenden Kritik der Springer-Presse an dem Umgang der beiden deutschen Außenminister, die in 5 Tagen von der Premierenstimmung zur Routine fand; das alles ist in der Tat ziemlich schnell gegangen.

Wir werden sehen, ob die neue Phase der Normalisierung zwischen den beiden deutschen Staaten hält, was sie verspricht. Vor

Provokationen ist zu warnen. Schüsse und Selbstschüsse waren immer zu verurteilen. Im Zuge der Normalisierung muß sich auch der Zustand an der Grenze ändern. Bisher ist die Wendung zum Besseren nur von Böswilligen zu leugnen. Noch nie seit 1945 ist in den beiden Teilen so viel übereinander gesprochen, gedruckt und gesendet worden. Und das gilt auch für Nachbarn und entferntere Staaten. Millionen Bürger beider Staaten sehen einander. Während die einen fragen, ob mit alledem die Einheit begraben wurde, fragen andere, und soweit es ausländische Freunde sind, sogar besorgt, ob dies der Anfang der Einheit sei. Es ist keines von beidem. Es ist Koexistenz auf deutsch. Dabei wird diese Koexistenz auf deutsch schrecklich und schwierig. Eine Maschinerie, die seit vielen Jahren verrottet, verrostet oder versandet ist, wird mehr als einmal knirschen, wenn sie sich in Gang setzt. Selbst dann, wenn ich stets den guten Willen von der anderen Seite voraussetzen könnte, und es ist klar, und es wird im Vertrag selbst nicht geleugnet, daß es tiefgreifende Meinungsunterschiede in Grundsatzfragen gibt. Es gibt keine ideologische Koexistenz, sagte der Regierende Bürgermeister vor 10 Jahren. Dies wird auch in 10 Jahren noch richtig sein.

III.

Wandel durch Annäherung ist ein europäisches Konzept. Die Dinge konnten so geführt werden, daß die Einmaligkeit des Verhältnisses zwischen den beiden deutschen Staaten geklärt war, bevor diese in die Vereinten Nationen eintreten und bevor die Außenminister der europäischen Staaten, Amerikas und Kanadas ihre Arbeit in Helsinki aufnahmen. In dieser Entwicklung drückt sich nicht nur der Wunsch der beteiligten Staaten aus, sich durch die deutschen Schwierigkeiten nicht daran hindern zu lassen, ihre Sicherheit und Zusammenarbeit zu beraten, sondern auch eine kaum länger strapazierbare Rücksichtnahme unserer Freunde auf unsere besonderen Wünsche.

Nachdem das Unvergleichbare zwischen den deutschen Staaten geklärt und von beiden Seiten durch den Vertrag und seine Begleitdokumente anerkannt ist, ist dieses Unvergleichbare kein Hindernis mehr für den normalen, mit allen anderen Staaten vergleichbaren Beitrag, den wir, die Deutschen in der DDR und in der Bundesrepublik Deutschland, für die Sicherung des Friedens in Europa leisten können. Diese Art der abnormen Normalisierung entspricht wirklich den Gegebenheiten im Zentrum Europas, von der Geschichte dieses Volkes angefangen bis zu den noch immer bestehenden Rechten von vier Mächten; sie geben zum ersten Mal und sicher zum einzigen Mal eine solche Erklärung ab, wenn zwei Staaten in die UNO aufgenomen werden. Diese abnorme Normalisierung zwischen den Brüdern, die keine feindlichen mehr sein wollen, aber auf Abstand bedacht sind, ist wahrhaftig eine Voraussetzung dafür, daß europäische Zusammenarbeit Aussicht auf Erfolg hat. Denn man kann zwar alles ohne diese beiden deutschen Staaten beschließen, aber man kann nur wenig ohne sie machen, weil sie nun einmal dort liegen, wo sie liegen. Daß die beiden Außenminister aus Ost-Berlin und Bonn nebeneinander sitzen, entspricht wahrlich nicht einer ideologischen Nähe, aber der geographischen, vom Alphabet einmal ganz abgesehen. Und es sollte niemanden überraschen, wenn diese beiden Staaten, bei grundsätzlich weiterbestehenden schwerwiegenden Meinungsverschiedenheiten, partiell auch gemeinsame Interessen entwickeln. Deutsch als Konferenzsprache war hoffentlich nur ein Anfang.

IV.

Der Verzicht auf die Anwendung von Gewalt als tragendes Prinzip des Verhältnisses zwischen der Bundesrepublik Deutschland und der Sowjetunion, angewendet auch auf die in Europa bestehenden Grenzen, hatte außerordentliche politische Wirkungen. Man braucht heute nicht mehr über die Befürchtungen zu reden, die es nach dem Abschluß des Vertrages vom 12. August 1970 gelegentlich im Ausland gab; der Platz der Bundesrepublik Deutschland ist klar und wird klar bleiben. Die außerordentliche Wirkung basierte darauf, daß dieser Vertrag etwas Neues darstellte. Er war unausgesprochen der Versuch, die Koexistenz, und zwar eine fruchtbare Koexistenz, in Vertragsform zu bringen.

Dazu bedurfte es auf beiden Seiten großer Anstrengungen, weil die negativen Erfahrungen und die Vorurteile auf beiden Seiten groß waren. Mißtrauen ist nur langsam abzubauen. Aber ohne Zweifel hat in den annähernd drei Jahren seither der Aufbau von Vertrauen begonnen.

Es trat etwas sehr Bemerkenswertes ein. Der Gewaltverzicht,

auch gerade bezogen auf die Grenzen, erwies sich als sehr fruchtbar. Er soll nun zu dem Prinzip werden, das für die Beziehungen aller europäischen Länder zueinander gilt.

Er wurde auch zu einem Element der bilateralen Beziehungen zwischen den Vereinigten Staaten und der Sowjetunion. Die Grundsatzerklärung, die im Mai vergangenen Jahres nach den Besprechungen zwischen Nixon und Breschnew abgegeben wurde, besagt genau dies.

Im übrigen liegt es in der Logik, daß man, wenn die Lage sicherer wird, auch mit den Verhandlungen über Truppenreduktionen beginnen kann. Es ist kein Zufall, daß die Sowjetunion sich in dem Kommunique, das nach Abschluß der Gespräche zwischen dem Bundeskanzler und dem Generalsekretär im September 1971 in Oreanda veröffentlicht worden ist, erstmalig für eine Verminderung von Truppen und Rüstungen in Europa ausgesprochen hat.

Damals war das Vier-Mächte-Abkommen gerade unterzeichnet worden, und es schien aussichtsreich und sinnvoll, weitere Schritte der Entspannung in Europa vorzubereiten.

Jahrelang umstrittene Punkte wurden durch die Politik der Entspannung aufgelöst. Einer der wichtigsten war, daß die Einsicht in die wirkliche Lage, die uns hier so schwer gefallen ist, wenn es um die DDR oder die Oder-Neisse-Linie ging, anderen nicht leichter fiel. Ich meine in diesem Fall die Sowjetunion, die unter anderem zu der Einsicht gekommen ist, daß man die Vereinigten Staaten nicht nur aus Europa hinausdrängen kann, sondern daß man Sicherheit und Zusammenarbeit in Europa nicht ohne die Vereinigten Staaten regeln kann. Ausdruck dieser Einsicht war die Bereitschaft der Sowjetunion, durch das Vier-Mächte-Abkommen die zeitlich nicht begrenzte Anwesenheit der Drei Mächte in Berlin zu akzeptieren. Die physische Anwesenheit der Vereinigten Staaten im Zentrum Europas durch Vertrag ist auch für die Zukunft ein noch nicht überall bewußter wesentlicher Faktor und wird es bleiben. Die Sowjetunion akzeptierte auch die USA als einen Staat, der an der Konferenz für Sicherheit und Zusammenarbeit in Europa teilzunehmen hätte. Die Vereinigten Staaten sind keine europäische Macht, aber eine Macht in Europa.

Wer über die Reduktion von Truppen in Europa reden will, muß auch mit Amerika reden.

Der Verzicht auf Gewalt, in eine vertragliche Form gebracht, hat

1970 Diskussionen darüber ausgelöst, ob dies nicht im Kern etwas sei, was im Widerspruch zu den Bündnisverpflichtungen stehen könnte. Die Antwort war ein klares Nein, und dieses Nein ist nicht mehr umstritten.

Unsere Allianz ist ein Bündnis der Verteidigung. Sie wird nicht berührt, wenn ich anderen versichere, daß kein Angriff beabsichtigt ist und daß ich mich verpflichte, meine politischen Ziele nicht mit Gewalt durchzusetzen. Es drängt sich auf, diese Überlegungen auch auf den Atom-Vertrag zwischen den Vereinigten Staaten und der Sowjetunion anzuwenden. Hier handelt es sich um eine besonders qualifizierte Form des Gewaltverzichts, nämlich die Zusicherung, auf eine bestimmte Form der Gewalt zu verzichten. Der Gewaltverzicht gilt selbstverständlich nur, solange sich beide an ihn halten. Wenn eine Seite ihn bricht, ist auch die andere nicht mehr an ihn gebunden. Eine solche Vorstellung macht einen schaudern und zeigt, welch immensen Wert politisch der Gewaltverzicht hat, gerade im Atomzeitalter.

Man muß einmal die Atombombe loben. Ich weiß nicht, ob ohne die so äußerst wirksame Gewalt ihrer Abschreckung die Welt weise genug wäre, die Klippen der tiefgehenden Gegensätze und Interessenunterschiede zwischen Ost und West ohne einen allgemeinen Konflikt in Europa zu umschiffen. Die Versuchung, konventionelle Waffen anzuwenden, hätte zu groß sein können. Insofern hat die Abschreckung gewirkt, sie wirkt heute und morgen. Sie hat zum Beispiel bewirkt, daß Amerika und die Sowjetunion sie in Paragraphen gefaßt haben.

Was in diesem Vertrag zwischen den beiden Großen steht, war praktisch schon wirksam 1956 in der damaligen Suez-Krise oder 1962 in der Kuba-Krise oder in jenen Tagen, in denen der Vertrag über die Nichtverbreitung von Atomwaffen ausgearbeitet wurde. Es gibt im Atomzeitalter keine Alternative zur friedlichen Koexistenz; in dem Augenblick, in dem die Staatsmänner der USA und der Sowjetunion im Mai vor einem Jahr die Kraft hatten, diese Erkenntnis, nach der sie jahrelang gehandelt hatten, auch in Worte zu fassen, war potentiell der Weg frei für eine Reihe von Abkommen, die bis zu dem Atom-Vertrag geführt haben.

Die Frage, die wir uns früher gestellt haben, wann und unter welchen Bedingungen das Gleichgewicht des Schreckens allmählich ergänzt oder ersetzt werden kann durch ein Gleichgewicht der Interessen und des Vertrauens, ist heute zu beantworten. Die Abschreckung ist wirksam genug, um zu der Erkenntnis zu führen, daß Sicherheit auch durch gegenseitige Abhängigkeit und vertrauensbildende Maßnahmen erreicht werden kann. Wir sind in den vergangenen letzten Jahren Zeugen eines erregenden neuen Abschnitts der Weltpolitik geworden. Es ist die feste Absicht beider Seiten, daß der Kalte Krieg zu Ende ist. Die Strukturen der neuen Phase werden sichtbar, sie bleiben auszufüllen, und wir sind auch Zeugen der Anpassungsschwierigkeiten, die sich dabei natürlich an vielen Stellen und in vielerlei Form ergeben.

V.

»Sehr viel von dem Streit darüber, ob der Osten wirklich ein Sicherheitsbedürfnis hat oder nicht, fiele beispielsweise weg, wenn man beginnt und wenn es gar gelingt, die gemeinsamen Sicherheitsinteressen zum Gegenstand von West-Ost-Besprechungen zu machen. Eine solche Politik steht und fällt mit dem Vertrauen in die realen Gegebenheiten der westlichen Verpflichtungen.« Dieses Zitat aus der Rede des Regierenden Bürgermeisters vor zehn Jahren zeigt, wie weit der Weg gewesen ist, aber wie logisch und konsequent die Entwicklung war. Konnte man bei dem Vertrag über die Nichtverbreitung von Atomwaffen einen Punkt finden, an dem die beiden Führungsmächte gegeneinander gerichteter Bündnissysteme ein gemeinsames Interesse formulierten, das ihnen hierzulande den Verdacht der Komplizenschaft eintrug, wurde diese Tendenz deutlicher bei dem Abkommen zwischen den Seestreitkräften, das die Möglichkeit von Zwischenfällen zwischen Schiffen und Flugzeugen wesentlich einschränkt, und bei der ersten Vereinbarung zur Begrenzung strategischer Waffen und den Prinzipien für die zweite Vereinbarung. Gleichberechtigung und Anerkennung des gleichen Gewichts sind dafür ebenso Voraussetzung wie der stillschweigende Abschied jeder Art von Anschluß- oder Befreiungspolitik. Im Kleinen wie im Großen verlangt Wandel durch Annäherung, wenn er erfolgreich sein soll, Stabilität. In Wahrheit haben die beiden stärksten Mächte der Welt erkannt, daß sie zu stark sind. Sie können ihr Potential gegeneinander nur noch um den Preis der Selbstvernichtung einsetzen. Die Ära der vereinbarten Selbstbeschränkung hat begonnen.

Sie verlangt unausweichlich auch die Einsicht in die Interessen des anderen und die Rücksicht auf den anderen. Man muß sich anpassen, sich annähern, Zurückhaltung üben, ja, man hat sogar beschlossen, nicht mehr gegen die Interessen des anderen zu konspirieren. Und dies alles, obwohl die Momente der Rivalität zwischen den beiden Großmächten bleiben und der Wettbewerb zwischen ihnen durch keinen Beschluß abgeschafft werden kann.

Die Interessen des Gegners nicht nur einzusehen, sondern zu berücksichtigen, war vor zehn Jahren eine zum Widerspruch reizende Forderung. Sie war ein logischer Teil der unvergessenen »Strategie des Friedens«. Ihre Grundzüge werden von der heutigen amerikanischen Administration angewendet, weil es im Atomzeitalter andere nicht gibt.

Daß es sogar weise sein kann, insoweit seinen Feind zu lieben, wird auf dem Boden einer evangelischen Akademie ohne die Gefahr eines Mißverständnisses auszusprechen sein.

Soweit das Ende einer Anschluß- oder Befreiungspolitik auch für Deutschland gelten sollte, so ist das, was vor zehn Jahren als Theorie entwickelt wurde, inzwischen zum politischen Alltag geworden. Wir gehen mit der Regierung der DDR jenen schmalen Weg der Erleichterung für die Menschen in solchen Dosen, daß sich daraus nicht die Gefahr eines Umschlags ergibt. Die Dinge müssen stabil und kontrollierbar bleiben, wenn die Transformation von Konflikt zur Kooperation funktionieren soll.

International stellt sich der Verdacht ein, daß nun die beiden Supermächte geneigt sein könnten, über andere Länder zu beschließen. Der amerikanische Präsident hat schon vor einem Jahr, nach seiner Rückkehr aus Moskau, erklärt: »Die Grundsätze verpflichten beide Seiten, eine direkte militärische Konfrontation zu vermeiden, sowie eine konstruktive Führungsrolle zu spielen und Zurückhaltung zu üben, wo es um kleinere Konflike in anderen Teilen der Welt geht, die die Großmächte in einen Krieg hineinziehen könnten.« Das Element der Einwirkung durch die beiden Großen auf andere ist unverkennbar. Es ist das natürliche Ergebnis ihres Gewichts. Da und dort wird die Sorge geäußert, die beiden Großen könnten der Versuchung erliegen, auch über Dinge anderer zu bestimmen, die sie wenig angehen.

Willy Brandt hat in seiner mehrfach erwähnten Rede im Zusammenhang mit Ausführungen über die atlantische Partnerschaft erklärt: »Das ehrwürdige Prinzip der nationalen Unabhängigkeit wurde verbunden mit dem neuen Erfordernis der gegenseitigen Abhängigkeit.« Das gilt nicht nur zwischen Europa und Amerika. Es gilt zwischen Amerika und der Sowjetunion, und es gilt zwischen den beiden Supermächten und allen anderen Staaten. Wenn die Entscheidungsgewalt über den Einsatz der Atomwaffe die äußerste heute noch mögliche Souveränität ist, so ist damit für die beiden Supermächte auch ein Äußerstes an gegenseitiger Abhängigkeit entstanden. Die erzwungene Rücksichtnahme muß sich in der Abstimmung des Verhaltens in anderen Regionen fortsetzen, weil von den Ereignissen dort auch die beiden Großen unausweichlich abhängig bleiben.

Es gibt in Amerika Leute, die glauben, die Abstimmung mit der Sowjetunion könnte einen neuen Isolationismus ermöglichen. Das Gegenteil ist der Fall. Man kann sich gegenseitig entlasten, man kann die Eskalation verschwenderischer Ausgaben für neue Waffengenerationen begrenzen, aber da Amerika nicht die eigene Sicherheit aufs Spiel setzen und geschichtlich abdanken will, kann es der weltweiten Verantwortung nicht entfliehen. Der Sache nach nicht und den vertraglich eingegangenen Verpflichtungen nach nicht. Zu diesen Verpflichtungen gehören das Atlantische Bündnis und der Atompakt. Die neue Ära der fruchtbaren Koexistenz wird ein Zeitalter zunehmender Verflechtung der beiden Supermächte miteinander und beider mit anderen, d.h. des zunehmenden Engagements und der gegenseitigen Abhängigkeit. Die neue Zeit ist das Gegenteil von Isolationismus.

VI.

Dies ist ein wesentlicher Faktor der Phase einer fruchtbaren Koexistenz. Dabei stellen sich mehrere Fragen:

1. Gibt es eine ideologische Koexistenz oder gar Konvergenz?
2. Sind die Bündnissysteme noch erforderlich und funktionsfähig?
3. Welche Auswirkungen mag diese weltpolitisch neue Phase für das Verhältnis zwischen Amerika und Europa, für die Entwicklung der Europäischen Gemeinschaft, für das Verhältnis zwischen den beiden deutschen Staaten haben?

Zu 1: Es ist das Kennzeichen der Epoche der fruchtbaren Koexistenz, daß sie aus Sicherheitserwägungen erzwungen worden ist. Daß keine Seite ihr System geändert hat, noch zu ändern beabsichtigt. Im Gegenteil, beide Seiten sind der Auffassung, daß sie über das bessere gesellschaftliche System verfügen. Beide Seiten glauben, daß es sich auf lange Frist als das bessere, d.h. dem anderen überlegene erweisen wird.

Die neue Epoche der fruchbaren Koexistenz hebt also die ideologischen Gegensätze nicht auf. Sie ordnet sie dem dominierenden Interesse an der Gewaltlosigkeit unter. Glaubenskriege oder sonstige Konflikte sollen nur noch dort stattfinden können, wo die Gefahr eines übergreifenden Konflikts gering ist. Man könnte sagen, daß dies eine Phase der Vernunft sei und allein die Vernunft – wenn überhaupt – hoffen läßt, auch ideologische Auseinandersetzungen zu lösen oder wenigstens zu entwirren.

Ich glaube nicht an die übliche Konvergenztheorie, denn die unterschiedlichen Interessen der Staaten bleiben. Die Möglichkeit oder sogar Wahrscheinlichkeit, daß unterschiedliche Industriegesellschaften bestimmte gleiche Probleme ähnlich lösen, ist zu bejahen und zu begrüßen, aber das schafft noch keine Konvergenz. Der Mangel an Unterschied zwischen der erforderlichen kommunistischen und kapitalistischen Schubkraft, um einen Körper in die Umlaufbahn um die Erde zu bringen, hat nichts mit Glaubens- oder Machtfragen zu tun. Im Gegenteil: Macht- und Glaubensfragen sind auch künftig potentielle Gefahren in der Phase der fruchtbaren Koexistenz, wenn sie – aus welchen Gründen auch immer – sich bemühen sollte, sich wichtiger zu nehmen als die Sicherheit. Hier gilt es, wachsam zu bleiben.

Zu 2: Die strategischen Waffensysteme haben zu dem Interesse derer geführt, die sie besitzen, sie nicht anzuwenden. Insoweit handelt es sich um ein die beiden Bündnissysteme überlagerndes Interesse. Anders gesagt: Man kann Sicherheit nicht nur durch Bewaffnung, sondern auch durch Entwaffnung bekommen. Wir haben eine Phase vor uns, in der beide Faktoren nebeneinander existieren werden. Wenn wir Glück haben, wird das Moment der Entspannung zunehmen und damit wird auch die Truppenverringerung und die Abrüstung zunehmen können. Dies kann eine ziemlich lang dauernde Entwicklung sein, und alle Wahrscheinlichkeit spricht dafür. Man sollte aus der Erfahrung der letzten zehn Jahre eine schnellere Entwicklung aber auch nicht ausschließen.

Jedenfalls ist nicht zu erwarten, daß es sich bei der Truppenreduktion um schnelle, große und kostensparende Schritte handeln wird, die man am Anfang macht.

Ebenso wie unser Gewaltverzicht mit der Sowjetunion des Bündnisses bedurfte, bedarf der Verzicht auf die Anwendung von Atomwaffen zwischen den beiden Großmächten der Bündnissysteme, und zwar in einem doppelten Sinne. Einmal ist das Bündnis als Rückversicherung unerläßlich, falls der Gewaltverzicht nicht funktioniert. Zum anderen gibt es die größere Chance für das Funktionieren des Gewaltverzichts, weil es die Bündnissysteme gibt.

Der Atompakt gibt dem Bündnis und seinen Partnern zusätzliche Sicherheit, und er gewinnt Stabilität, weil die Bündnisse auf beiden Seiten auch in ihrer Abschreckungsqualität glaubwürdig bleiben. Sie bleiben verläßlich, weil sie, ebenso wie der Vertrag zur Nicht-Anwendung von Atomwaffen, dem gleichen Grundinteresse entsprechen: Der Status quo darf nicht durch Gewalt verändert werden. Die Transformation verlangt Stabilität.

Ein Vertrag zur Nicht-Anwendung atomarer Waffen bedeutet nicht, daß solche Waffen in keinem Falle angewendet werden. Sie würden im Falle eines Angriffs durch den jeweils anderen eingesetzt werden – entsprechend dem unveränderten Interesse an der Erhaltung des Gleichgewichts. Insofern ist dieses Gleichgewicht in dem Gebiet der Welt, in dem es eine einzigartige Kombination von Dichte der Bevölkerung und Industrialisierung gibt, nämlich Europa, von entscheidender Bedeutung für den Weltfrieden. Und das Gewicht dieses Faktors Europa kann sich in der überschaubaren Zeit auch kaum ändern.

Dies bedeutet, daß die Bündnisse, ihre Strategie und ihre Abschreckung unangetastet bleiben. Sie müssen es bleiben, damit das System der Sicherheit durch Vereinbarung funktioniert und niemanden zu falschen Kalkulationen veranlaßt. Nur die Entschlossenheit, äußerstenfalls die vorhandenen Mittel einzusetzen, was Irrsinn wäre, hat abgeschreckt. Die Vernunft folgt in Gestalt der Vereinbarung, Atomwaffen künftig nicht einzusetzen. Und da und weil man auf Gegenseitigkeit nicht ganz sicher sein kann, bei welchen Veränderungen, gewaltsam von der anderen Seite herbeigeführt, doch etwas geschieht, hat das neue System der »Sicherheit durch Vereinbarung« gute Chancen, zu funktionieren und sich zu entwickeln. Weltweit und in Europa wird der Ausbau dieses Systems einen Mittelpunkt der Ost-West-Politik der nächsten Jahre bilden.

Das System der Allianzen und das System der blocküberspannenden Vereinbarungen zur Nicht-Anwendung von Gewalt ergänzen einander.

Wenn die blocküberspannenden Vereinbarungen verstärkt werden, zum Beispiel durch Truppenreduktion, durch Rüstungsverminderung, durch multilateralen Gewaltverzicht, durch vertrauensbildende sonstige Maßnahmen, durch wirtschaftliche Verflechtungen der Infrastruktur mit politischer Wirkung zwischen Ost und West, dann kann allmählich der Punkt kommen, an dem alle Beteiligten ein wirksames »System internationaler Sicherheit« errichten können, wie es die Vereinigten Staaten und die Sowjetunion bereits vor einem Jahr in einem ihrer Dokumente in Aussicht genommen haben.

Wir dürfen dabei nicht vergessen, daß das Bündnis kein Selbstzweck ist. Darf ich hier, wie vor dem Deutschen Bundestag, zitieren, was Konrad Adenauer am 6. April 1960 erklärt hat: »Wenn wir eines Tages zu einer Verständigung auch mit Sowjetrußland kommen – und ich hoffe, daß wir dies mit viel Geduld erreichen werden –, werden Warschauer Pakt und Nato der Vergangenheit angehören. Das müssen sie sich doch einmal klar machen. Das sind doch keine Ewigkeitsinstitutionen. Aber jetzt haben wir die Nato nötig, und deshalb sind wir ihr beigetreten.« Dieses »Jetzt« ist noch immer nicht vorbei, und niemand kann absehen, wann es zu Ende ist.

Daher ist vor der Illusion zu warnen, als ob die amerikanisch-sowjetischen Vereinbarungen unsere Anstrengungen im und für das Bündnis verringern könnten. Es wäre allerdings ebenso falsch, wollte man glauben, daß nun wegen des Atompaktes vermehrte konventionelle Anstrengungen nötig sind. Wir haben durch die bilaterale Vereinbarung zwischen Nixon und Breschnew zusätzliche Sicherheit erhalten. Das Bündnis muß in seinen bisherigen Anstrengungen fortfahren. Es bedarf keiner grundsätzlichen neuen Strategie.

In dem Vertrag von Moskau wie in dem Vertrag zwischen den Amerikanern und der Sowjetunion ist diese ganze etwas komplizierte Überlegung in die einfache Form gegossen, daß die bisher eingegangenen Verpflichtungen, die alten Verträge und Bündnisse, unberührt bleiben durch die neue Vereinbarung. Dies gilt in vollem Umfange für die Sowjetunion und ihre Verbündeten wie für die Vereinigten Staaten und ihre Verbündeten.

Zu 3: Daß es zu einer weitreichenden Vereinbarung gekommen ist zwischen den beiden Großmächten, hat wenig mit Komplizentum zu tun, denn wo es um den Frieden geht, sollten alle Staaten Komplizen sein. Es hat mit der Wirklichkeit zu tun. Der Abstand zwischen den beiden Supermächten und ihrem militärischen Potential auf der einen Seite und allen anderen Staaten, vielleicht mit der Ausnahme Chinas, wird größer und nicht kleiner im Laufe der Zeit. Jedenfalls gibt es niemanden, der über Waffen verfügt, die Gegenstand der ersten Absprache über die strategischen Waffen waren. Es entspricht deshalb nur der Einsicht in die Wirklichkeit, wenn diese beiden Staaten schon vor einem Jahr in der wiederholt erwähnten Erklärung sich eine Art von Zusage gegeben haben, die Kriegsgefahr abzuwenden, militärische Konfrontationen zu vermeiden und den Ausbruch eines Atomkrieges zu verhindern. Ob man es aufschreibt oder nicht, so ist doch verständlich, daß keine dieser beiden Mächte den Wunsch hat, vom anderen in einen Konflikt gegeneinander hineingezogen zu werden. Und sie werden sich sicher dementsprechend verhalten. Dieses Eigeninteresse der beiden Großen liegt auch im Interesse der anderen, die Frieden brauchen.

Wenn man diese Entwicklung sieht, so ist uns in Europa klar, der Sowjetunion ist es klar, daß die Amerikaner mit ihrem Engagement hier unentbehrlich sind. Allein einigen Amerikanern scheint dies nicht klar zu sein; sie sind allerdings nicht in der Administration tätig. Dabei ist offensichtlich, daß jeder amerikanische Truppenteil, der seine atomaren Waffen mitnimmt, nicht etwa durch die Bundeswehr ersetzt werden kann. Ich darf auch hier noch einmal zitieren, was der heutige Bundeskanzler vor zehn Jahren gesagt hat: »Das Prinzip einer Gemeinschaft ist die Arbeitsteilung. Die Arbeitsteilung gerade auf diesem Gebiet (es war von Atomwaffen die Rede) ist eine der starken praktischen Bedingungen der Vereinigten Staaten an Europa. Es ist ein logischer Irrtum, daß es eigene Atombomben in Europa fertigbringen könnten, die Amerikaner zu etwas zu zwingen, wozu sie einst nicht bereit wären. Eigene Atombomben in Europa könnten im Gegenteil dazu führen, daß es statt des gemeinsamen Risikos ein geteiltes Risiko gäbe. Wer sicherer gehen will, als es ihm durch die amerikanische Abschreckung geboten ist, geht in Wirklichkeit einen unsicheren Weg, denn sein Ausgangspunkt ist das Mißtrauen in die Bündnistreue und in die Funktionsfähigkeit des Bündnisses, und Mißtrauen kann niemals binden.«

Daher mag es richtig sein, die unveränderten Prinzipien, auf denen das Bündnis beruht, in die Erinnerung zu rufen und die Ideen zu formulieren, die uns über die Sicherheit hinaus in der Allianz verbinden. Die Frage, die Willy Brandt vor zehn Jahren gestellt hat, ob Europa eine Weltmacht werden würde, ist heute noch immer genau so zu stellen.

Es hat sich gezeigt, daß viele Staaten bislang nicht bereit sind, die nötigen Rechte auf eine souveräne europäische Einheit zu übertragen. Im Lichte der letzten Ereignisse wird ein neuer Impuls spürbar, West-Europa zu einer eigenen Identität zu bringen. Aber da Europa sich sicher fühlen kann im Schoße seines bisherigen Bündnisses, darf es nicht das Mißtrauen sein, sondern es muß der positive Wille vorherrschen, um die geplante europäische Union zu verwirklichen. Im Prinzip jedenfalls ändert eine beginnende Ära der »Sicherheit durch Vereinbarung« nichts an der fundamentalen Unteilbarkeit der Sicherheit im atlantischen Bereich, also für Amerika und Europa.

Wir, die Bundesrepublik Deutschland und die DDR, haben die große Aufgabe vor uns, fruchtbare Koexistenz zu entwickeln, wo sie am leichtesten und am schwersten zugleich ist. Diese beiden Staaten werden dabei profitieren von der weltpolitischen Entwicklung. Hier gibt es eine Interdependenz. Wir können zwar die Welt nicht aufhalten, wenn sie sich verständigen will, aber die Welt kann uns aufhalten: Im Falle zunehmender Spannung ist nicht zwischen den beiden deutschen Staaten eine Insel der Entspannung zu schaffen. Auch aus diesem Grunde ergibt sich, daß wir nur an der Entspannung und nicht an der Spannung interessiert sind. Die Grundlagen der Annäherung sind gelegt, der Wandel zwischen uns und der DDR, zwischen Ost und West, muß wachsen, sichtbar und fühlbar werden, zum gemeinsamen Vorteil für die Staaten und für die Menschen.

Konzeption der europäischen Sicherheit (1973)

Die Schubladen waren leer, als ich 1967 den Planungsstab des Auswärtigen Amtes übernahm. Die Mitarbeiter folgten gern der Aufforderung, alle Glaubenssätze der bisherigen Politik zu vergessen. Wir nahmen uns die Freiheit nachzudenken, als könnte die Außenpolitik der Bundesrepublik neu erfunden werden. Was sollte das Ziel unserer Interessen sein, wie sind die Interessen der relevanten Partner zu definieren, welche Wege sind vorzuschlagen, um unter der gegebenen Lage zu diesem Ziel zu führen, unter Berücksichtigung aller dieser Faktoren?

Das Ergebnis waren zwei umfangreiche Vorlagen für den Minister. Die eine formulierte, was später das System der zweiseitigen Verträge wurde mit Moskau, Prag und Ost-Berlin. Die andere ging einen Schritt weiter und fügte die sicherheitspolitische Komponente hinzu. Beide Papiere gingen von den objektiven deutschen Interessen und der Annahme aus, daß die große Koalition 1969 fortgesetzt werden würde.

Bei den späteren Verhandlungen in Moskau stellte sich heraus, daß wir keine Frage »vergessen« hatten, die sich praktisch stellte. Ich wußte zeitweise schon nach dem ersten Halbsatz Gromykos, worauf er hinauswollte, und kannte die Antwort, bevor er ausgesprochen hatte.

Die Überwindung der beiden Blöcke durch ein europäisches Sicherheitssystem, um zur Einheit zu kommen, ist Aufgabe geblieben, nachdem die Einheit erreicht ist.

Der Leiter des Planungsstabes PL-82.01/0223/68

In der anliegenden Aufzeichnung wird versucht, die deutsche Interessenlage in der Diskussion über die Gestaltung der europäischen Sicherheit herauszuarbeiten. Dabei wurde das Hauptgewicht auf die politischen Gesichtspunkte gelegt. Die Meinung militärischer Sachverständiger ist berücksichtigt worden. Auf die Darstellung militärischer Aspekte wurde jedoch verzichtet.

Die vielfältigen Vorstellungen, die im Westen über Lösungen der Sicherheitsfrage bestehen, lassen sich auf drei Grundformen zurückführen:

– Eine Konzeption (A) geht von den bestehenden Paktsystemen aus, will aber durch Abrüstungsmaßnahmen einen möglichst hohen Grad von Entspannung erreichen.

– Eine andere Konzeption (B) will die Pakte durch gemeinsame Organe verklammern, die zunächst ad hoc vereinbarte Abrüstungsmaßnahmen überwachen würden, sich aber schließlich institutionell zu einem Dach (permanente europäische Sicherheitskonferenz) über den Pakten entwickeln könnten.

– Eine dritte Konzeption (C) ersetzt die beiden Paktsysteme durch ein Sicherheitssystem gleichberechtigter europäischer Staaten, dessen Bestand von den Supermächten garantiert wird, ohne daß sie Mitglieder sind.

Alle drei Konzeptionen können verwirklicht werden, ohne daß die tatsächliche Sicherheit in Europa beeinträchtigt wird.

Nur die dritte Konzeption (C) eröffnet die Möglichkeit, über eine grundsätzliche Neuregelung der europäischen Sicherheit eine politische Basis für die Wiedervereinigung Deutschlands und eine europäische Friedensordnung zu schaffen. Sie eröffnet einen konkreten Weg zur optimalen Wahrung unserer nationalen Interessen, verlangt aber die förmliche Aufgabe bisheriger Grundsätze (Nichtanerkennung der DDR oder der Oder-Neiße-Linie).

Die Konzeption C erscheint aus verschiedenen Gründen zur Zeit nicht verwirklichbar. Sie ist dennoch in einem Modell ausgearbeitet worden, um als Orientierungshilfe für die Definiton unserer Interessen zu dienen. Außerdem könnte sich später eine neue Lage ergeben, die es der Bundesregierung nützlich erscheinen läßt, einen derartigen Vorschlag zu machen.

Die Konzeption einer Verklammerung (B) friert die bestehenden Paktsysteme ein. Die DDR wird gleichberechtigt in ein multilaterales Vertragsgeflecht einbezogen. Diese Konzeption verfestigt den Status quo und bietet keine Perspektive für die Überwindung der deutschen Teilung. Sie ist ein perfektes System der Sicherheit vor Deutschland und entspricht daher ausschließlich den Interessen der anderen Staaten.

Demgegenüber ist die erste Konzeption (A) vorteilhafter. Sie schließt jedenfalls in einer langfristigen Entwicklung nicht aus, daß

eine Lage in Gesamteuropa entsteht, in der die Bündnisse entbehrlich werden. Die deutsche Frage bleibt offen. Alle in diesem Rahmen möglichen Ost-West-Vereinbarungen, darunter die gegenwärtig zur Diskussion stehende Truppenverminderung, können unseren Zielen dienen. Multilaterale Verhandlungen und Kontrollen sollten dabei vermieden werden.
Falls Vereinbarungen nicht zustande kommen, sind einseitige Truppenverminderungen erstrebenswert.

Die Bundesregierung muß sich darüber im klaren sein, daß – mit Ausnahme einseitiger Truppenverminderungen – jede Regelung von europäischen Sicherheitsfragen die gleichberechtigte Behandlung der DDR zwangsläufig einschließt. Lediglich Grad und Umfang ihrer förmlichen Teilnahme an Vereinbarungen sind in A, B und C verschieden.

Hiermit
über den Herrn Staatssekretär
dem Herrn Minister
vorgelegt.
gez. Bahr

I.
Einleitung

Die westliche Politik der Entspannung ist in eine neue Phase getreten. Möglichkeiten zur Verminderung der in Europa stehenden Streitkräfte werden ernsthaft geprüft. Der Gedanke wird ventiliert, hierüber mit dem Osten zu verhandeln. Dabei kommt es nicht entscheidend darauf an, ob der Osten zu solchen Verhandlungen bereit sein würde und ob sie zu Ergebnissen führen. Schon die Vorlage von Entwürfen zur künftigen Gestaltung der Sicherheit Europas hat politisches Eigengewicht. Die Bundesrepublik Deutschland, deren Ziel die Überwindung des Status quo durch eine europäische Friedensordnung ist, hat alles Interesse daran, sich in diese Diskussion maßgeblich einzuschalten. Sie kann sich ihr nicht entziehen, sie sollte es nicht, da bei den Fragen der europäischen Sicherheit das politische Gewicht der Bundesrepublik wirksam werden kann.

Es geht nicht primär um Vermehrung oder Verminderung der militärischen Sicherheit: Die Bundesrepublik Deutschland, die im Rahmen des Nordatlantischen Bündnisses ausreichende Sicherheit fand, kann mehr und größere militärische Sicherheit durch eine Veränderung der Verhältnisse nicht erwarten. Andererseits darf keine der ins Auge gefaßten Maßnahmen die Sicherheit gefährden. Bei gleichmäßiger gegenseitiger Truppenreduzierung ist ein Gleichgewicht definitionsgemäß weiter gegeben. Dabei spielen auch psychologische Faktoren eine Rolle. Es wird Sache der militärischen Stellen sein, Bewertungsmaßstäbe zu erarbeiten, die in diesem Sinne vertretbare Maßnahmen und Vereinbarungen möglich machen.

Unter dieser Voraussetzung hinreichender militärischer Sicherheit ist der Gedanke der Truppenreduzierungen vielmehr in erster Linie politischer Natur. Es geht, wenn man von dem vergleichsweise untergeordneten Aspekt einer Verminderung der Rüstungslasten absieht, darum, durch an sich im militärischen Bereich liegende Schritte die politische Sicherheit in Europa zu vermehren, den politischen Antagonismus abzubauen und eine Lage zu schaffen, die einer Lösung der europäischen politischen Probleme förderlich ist.

Truppenreduzierungen sind von anderer Qualität als die in den letzten Jahren betriebenen Entspannungsmaßnahmen und auch als ein Austausch von Gewaltverzichtserklärungen. Denn mit Truppenreduzierungen wird sicher in die Substanz, wahrscheinlich in die Struktur der Bündnisse eingegriffen; durch die Art ihrer Behandlung werden Weichen für die Zukunft gestellt. Bereits in diesem frühen Stadium müssen also die Folgen der einzelnen Schritte bis zu ihrem Ende durchdacht werden. Wer sich hier richtig verhalten will, muß (auch wenn er einen festen »Fahrplan« im Sinne früherer Deutschlandpläne als unrealistisch ablehnt) ein Bild des von ihm im Ergebnis erstrebten Zustandes vor Augen haben und Wert oder Unwert jedes einzelnen Schrittes an diesen Zielvorstellungen messen. Wir sind mithin schon durch die Entwicklung gezwungen, unsere Vorstellungen von einer europäischen Friedensordnung hic et nunc zu konkretisieren.

Die künftige Entwicklung im Zeichen der Entspannung ist in drei verschiedenen Richtungen vorstellbar:

– Das Nordatlantische Bündnis und der Warschauer Pakt bleiben als grundsätzlich antagonistische Organisationen bestehen, es findet keine institutionelle Verklammerung dieser Bündnisse statt. Gleichwohl wird versucht, zwischen den Staaten in Ost und West ein

Höchstmaß an Entspannung und Abrüstungsmaßnahmen herbeizuführen. (Konzeption A)

– Die beiden Militärbündnis-Systeme bleiben bestehen, werden aber durch gemeinsame Institutionen so miteinander verklammert, daß sie schließlich ihren antagonistischen Charakter verlieren. (Konzeption B)

– Die Bündnisse werden aufgelöst und durch ein neues europäisches Sicherheitssystem ersetzt. (Konzeption C)

Offensichtlich handelt es sich bei der Konzeption A nicht um ein theoretisches Modell, sondern um einen Zustand, der mindestens im Ansatz bereits vorhanden ist. Evident ist ferner, daß die Konzeption B eine Fortentwicklung der Konzeption A darstellt, daß es zwischen diesen beiden Vorstellungen Übergänge gibt und daß die Grenzen fließend sind. Dennoch unterscheiden sich die politischen Wirkungen und insbesondere hinsichtlich ihrer Möglichkeiten zur Lösung oder doch wenigstens zur Offenhaltung der deutschen Frage grundlegend voneinander. Die Konzeption C verlangt einen völligen Neuansatz.

Diese drei Konzeptionen werden nachstehend untersucht. Dabei ist zu berücksichtigen, daß es zwischen ihnen zwar Übergänge gibt und daß von A bis C die politische Landschaft in zunehmend größerem Umfange verändert wird, daß es sich aber nicht um eine zwangsläufige Stufenfolge handelt.

Bei der Betrachtung sind rein militärpolitische Aspekte bewußt ausgelassen worden. Ebensowenig berücksichtigt wurden Fragen der Entwicklung der inneren Struktur der Bündnisse, also beispielsweise das Problem einer Stärkung der europäischen Komponente der Nato. Nicht eingegangen wurde ferner auf Fragen der Ost-West-Zusammenarbeit im wirtschaftlichen, technologischen und kulturellen Bereich. Diese Aspekte sind erörtert worden. Die folgende Darstellung konzentriert sich auf die politischen Faktoren von Sicherheitsarrangements.

II.

Entspannung unter Fortbestehen der Militärbündnisse (Konzeption A)

Zunächst sind also die Möglichkeiten zu untersuchen, die sich ergeben, wenn die bestehenden Militärbündnisse weiter bestehen und jede institutionelle Verklammerung von Nato und Warschauer Pakt vermieden bleibt. Als »Entspannungsmodell« hat dieser Zustand durch die im Gange befindlichen Diskussionen über vereinbarte Truppenreduzierungen große Aktualität.

Stationierungsstreitkräfte und Bundeswehr

Ein wesentliches politisches Ziel, das mit vereinbarten Truppenreduktionen erreicht werden kann, ist die Verminderung der sowjetischen Streitkräfte in der DDR. Eine solche Verminderung, die tendenziell zum Abzug der sowjetischen Truppen führt, würde eine innere Entwicklung der DDR ermöglichen, die zur Annäherung der beiden Teile Deutschlands führt. Darüber hinaus würde sie das sowjetische Übergewicht in Osteuropa verringern. Daraus folgt, daß wir ein politisches Interesse daran haben, daß sich die Truppenverminderung in erster Linie auf Stationierungsstreitkräfte bezieht. Wir werden uns dem Verlangen, in einem solchen Fall auch die Bundeswehr zu reduzieren, nicht entziehen können, zumal sie absolut und im Verhältnis zu den amerikanischen Stationierungsstreitkräften größer ist als die Volksarmee im Verhältnis zu den sowjetischen. Wir sollten allerdings hierauf nur eingehen, wenn auch die Volksarmee, obschon nicht im selben Maße, verringert wird (auch dies ist früher von östlicher Seite angeboten worden).

Territoriale Begrenzung

Gegen eine nur auf deutschem Gebiet stattfindende Truppenverminderung wird der Einwand erhoben, daß dies Deutschland diskriminiere. Dieser Einwand muß jedoch vor der Erwägung zurücktreten, daß eine Verringerung polnischer oder tschechoslowakischer Streitkräfte für uns politisch irrelevant ist und die von uns gewünschte Konzentration auf die sowjetischen Stationierungsstreitkräfte nur dann möglich ist, wenn sich die Reduzierungsmaßnahmen auf Deutschland beschränken. Zudem ist es logisch, Reduzierungen dort vorzunehmen, wo die Konzentration am größten ist.

Aus diesen Gründen erscheint es gerade geboten, besondere Regelungen für den deutschen Raum zu treffen. Das politische Gewicht der Bundesrepublik kann dabei am stärksten zum Tragen gebracht werden. Das gilt besonders für die Wahrnehmung unserer innerdeutschen Interessen.

Kontrollen

Truppenreduzierungen können nach Art und Umfang so sein, daß ihr Risiko nur dann tragbar erscheint, wenn sie vereinbarten Kontrollen unterliegen. Solche Kontrollen werden außerdem oft als in sich entspannungsfördernd angesehen. Bei ständigen oder periodischen Inspektionen dieser Art (Kontrollmissionen, Beobachtungsposten) liegt es schon aus Gründen ihrer technischen Durchführung nahe, sie multilateral zu vereinbaren und die bestehenden Paktorganisationen zu beteiligen. Die Bündnisstrukturen werden damit durch zusätzliche Aufgaben verfestigt und ihre Erosion wird durch eine Art gegenseitiger Stützung aufgehalten. Diese Verklammerung der Pakte führt zu deren Perpetuierung ohne Rücksicht auf ihren politischen oder militärischen Wert und enthält nicht nur keine Möglichkeiten zur Überwindung des politischen Status quo, sondern garantiert diesen geradezu.

Was die Bündnisse selbst anlangt, kann es nicht unser Ziel sein, den Warschauer Pakt zu stärken. Eine Festigung der Bündnisse würde auch auf den Widerstand Frankreichs, Rumäniens und möglicherweise der CSSR stoßen; Jugoslawien ist gleichfalls solchen Gedanken abgeneigt. Die Tendenz, durch vereinbarte Kontrollen den Bündnissen neue Aufgaben zuzuweisen, läuft also gerade den Interessen der osteuropäischen Staaten zuwider, die dem Westen gegenüber besonders aufgeschlossen sind.

Vereinbarte Kontrollen liegen daher nicht in unserem politischen Interesse und sollten für uns allenfalls dann akzeptabel sein,

- wenn sie bilateral oder jedenfalls unter Ausschluß einer Beteiligung der Paktorganisationen vereinbart werden können,

  oder

- wenn sie ihrer Natur nach vorübergehend sind oder sich durch

Vollzug erledigen (z.B. Kontrollen vernichteten oder ausgeschiedenen Materials), oder

– wenn sie so angelegt werden, daß sie nicht zur Verfestigung sondern zur Ersetzung der Pakte durch ein neues Sicherheitssystem beitragen, welches Möglichkeiten zur politischen Überwindung des Status quo eröffnet.

Wenn Truppenreduzierungen nur auf deutschem Boden stattfinden, sind vereinbarte Kontrollen aller Voraussicht nach militärisch überflüssig, weil unsere Erkenntnismöglichkeiten für die DDR ausreichen dürften. Auch deshalb ist eine territoriale Begrenzung auf Deutschland anzustreben.

Verfahren

Mit dem Thema der Truppenreduzierungen erhält der ursprünglich vom Osten propagierte Plan einer Europäischen Sicherheitskonferenz neue Aktualität. Die Sicherheitskonferenz könnte dadurch den Verhandlungsgegenstand erhalten, dessen Fehlen bisher vom Osten bemängelt wurde. Doch ist der Gedanke illusorisch, sie könne auf dieses Thema beschränkt werden. Es ließe sich vielmehr kaum verhindern, daß die Sowjetunion sie zur Durchsetzung ihrer bekannten politischen Maximalforderungen, insbesondere zur Anerkennung der DDR benutzt.

Dies gilt um so mehr, als die Verhandlung von Truppenreduzierungen mit großer Wahrscheinlichkeit lange Zeit in Anspruch nehmen wird. Eine gleichberechtigte Beteiligung der DDR an einer solchen Konferenz wäre nicht zu vermeiden. Sie würde mithin durch Teilnahme an diesen umfangreichen Verhandlungen auch aufgewertet, wenn Ergebnisse nicht erzielt werden. Der Westen hätte diese nicht revozierbare Aufwertung zugestanden, ohne irgendeine Gegenleistung zu erhalten.

Daher sollten multilaterale Verhandlungen weiterhin vermieden bleiben, wobei es gleichgültig wäre, ob sie in der Form der von östlicher Seite ins Auge gefaßten gesamteuropäischen Sicherheitskonferenz oder als Verhandlungen zwischen den bereits bestehenden Militärpakten oder deren Mitgliedern gedacht sind. Auch unter diesem Aspekt ist eine Beschränkung der Truppenverminderung auf Deutschland angebracht, weil, da nur relativ wenige Mächte betroffen werden, keine sachliche Notwendigkeit für die Abhaltung einer großen Konferenz mehr besteht. Wir sollten folgendes Verfahren durchzusetzen versuchen:

– Eventuelle Sondierungsgespräche mit der DDR werden nur durch die Bundesregierung geführt. Im übrigen ist es für diese Phase nicht notwendig, unsere Verbündeten auf bestimmte Gesprächspartner im östlichen Allianzbereich festzulegen oder ihre Wahl einzuengen.

– Verhandlungen über Stationierungsstreitkräfte sind in erster Linie zwischen den USA und der SU zu führen. Soweit Stationierungsstreitkräfte anderer Mächte einbezogen werden sollen, können auch diese Mächte verhandeln.

– Reduktionen der Bundeswehr und der Volksarmee dürfen nur zwischen der Bundesrepublik und der DDR verhandelt werden.

Die innerhalb des Bündnisses notwendige Abstimmung bleibt hiervon unberührt.

Sonstige Maßnahmen im Rahmen von A

Neben den Truppenreduzierungen behält der Austausch von Gewaltverzichtserklärungen seinen politischen Wert. Im übrigen ist in den vergangenen Jahren eine Anzahl von Vorschlägen gemacht worden, die theoretisch zusätzlich vereinbart werden könnten. Sie sind jedoch weniger bedeutsam (Manöverbeobachter, »Heißer Draht« zwischen den Hauptquartieren u.dgl.) als die eben erörterten weitergehenden Vorschläge zur Truppenreduzierung. Sie sind insoweit »erledigt«. Sofern sie multilaterale Vereinbarungen erfordern, bringen sie durch Verklammerung der Bündnisse und Teilnahme der DDR sogar Nachteile mit sich, die in keinem Verhältnis zu ihren sehr begrenzten Vorteilen stehen. (Das gilt bereits für Manöverbeobachter).

Der Vorschlag eines Einfrierens von Rüstungs- und Mannschaftsbeständen gehört systematisch zum Problem der Truppenreduzierung und wird durch diese politisch konsumiert. Ein vereinbartes Einfrieren oder Vermindern für Rüstungshaushalte erscheint undurchführbar. Es müßten zunächst Kriterien erarbeitet werden, die einen Vergleich der Einzelposten aller Mitgliedstaaten erlauben und die Durchsichtigkeit der Haushalte gewährleisten. Es ist sehr zweifelhaft, ob das gelingen kann. Amerikanische Untersuchungen sind jedenfalls zu negativen Ergebnissen gekommen.

Reduktion der Kernwaffen

Eine Reduktion der Stationierungsstreitkräfte würde die in Deutschland gelagerten Kernwaffen wahrscheinlich einbeziehen. Wegen der politischen Bedeutung der Nuklearwaffen sollte die »nukleare Verdünnung« als besonders gewichtige Maßnahme gebührend herausgehoben werden, sie darf nicht nur als Nebenfolge der Reduktion der Stationierungsstreitkräfte anfallen. Ein vollständiger Abzug der Stationierungsstreitkräfte von deutschem Boden, der auch einen vollständigen Abzug der Kernwaffen einschließen würde, wird im Rahmen der Überlegungen zu A und B als politisch unrealistisch nicht erörtert.

Einseitige Truppenverminderungen

Es ist möglich, daß die Sowjetunion an Vereinbarungen über Truppenreduktionen nicht interessiert ist oder daß die Verhandlungen scheitern. Sie mag aus politischen Gründen ihre Stationierungstruppen nicht vermindern können oder wollen. Sie mag ferner damit rechnen, daß der Westen gleichwohl seine Truppen einseitig vermindern wird.

In einem solchen Fall könnte der Westen einseitige Truppenverminderungen ins Auge fassen und es darauf ankommen lassen, ob der Osten diesem Beispiel folgt (in diesem Falle würde das Ziel auch ohne Vereinbarungen erreicht) oder nicht (in diesem Fall wäre der Osten politisch im Nachteil und müßte zudem den höheren Verteidigungsaufwand tragen). Dieses Verfahren gestattet größere Flexibilität ohne Bindung.

Darüber hinaus sollten wir einseitigen Verminderungen den Vorzug geben, wenn Vereinbarungen nur mit einem solchen Aufwand an Kontrollmaßnahmen zustande kämen, daß dessen Nachteile den Vorteil, den Vereinbarungen an sich hätten, aufwiegen würden.

Für uns hätten einseitige Maßnahmen nicht nur den für die meisten unserer Partner vielleicht in erster Linie zählenden Vorteil einer Entlastung des Haushalts.

Wichtiger wäre die indirekte Wirkung auf die Staaten des Warschauer Paktes. Eine Bundesregierung, die den allmählichen Abzug der amerikanischen Stationierungstruppen begrüßt, mit einer gleichzeitigen Verringerung der hier gelagerten Nuklearwaffen einverstanden ist und das Angebot einer mit der DDR ausgehandelten Verkleinerung der eigenen Streitkräfte aufrechterhält, wird auf die Dauer auch von der Sowjetunion nicht mit Erfolg als Friedensstörer bezeichnet werden können. Die seit einiger Zeit zu beobachtende Aufweichungstendenz im Warschauer Pakt würde stärker und die offizielle Begründung für die Stationierung sowjetischer Truppen in fremden Territorien fadenscheiniger werden.

Der Westen vermeidet mit dieser Politik die Konzessionen, die er machen müßte, um auf der Basis eines Kompromisses zu ausgehandelten Abrüstungsvereinbarungen mit dem Osten zu kommen (die meisten Kompromisse dürften unsere Interessen berühren).

Er vermeidet Kontrollen und die Bindungen, die auch er sich durch solche Vereinbarungen auferlegt. Er kann den Rhythmus der Truppenverminderungen selbst bestimmen, jederzeit ändern und auch unterbrechen oder umkehren, wenn es ihm günstig oder geboten erscheint.

Perspektiven

Eine Politik entsprechend den verschiedenen Möglichkeiten nach A wird der Aufgabe gerecht, den Umfang der militärischen Konfrontation in Europa zurückzuschrauben. Sie vermeidet, die Blöcke und dadurch den Status quo zu verfestigen. Sie hält für die Zukunft Optionen offen, für die sie gleichzeitig günstigere Voraussetzungen schafft. Sie rechnet im Grunde mit weiterer Erosion der Bündnisse, im Osten wie im Westen. Dagegen ist diese Konzeption nicht in der Lage, endgültige Regelungen für die politischen Probleme Europas und insbesondere für Deutschland anzubieten.

Es liegt in unserem Interesse, mit einer solchen Politik eine Alternative nach einem C-Modell anzustreben, die Weiterentwicklung zu einem B-Modell aber zu verhindern.

III.
Weiterbestehen der Pakte mit Verklammerung (Konzeption B)

Beschreibung

Diese Konzeption geht davon aus, daß die bestehenden Militärbündnisse erhalten bleiben, aber in institutionelle Beziehungen zueinander gebracht werden. Eine Institutionalisierung setzt jedenfalls ein, sobald substantielle gegenseitige Verifikationsmaßnahmen vereinbart werden. Der Fächer möglicher Abrüstungsmaßnahmen ist bei Konzeption A und B prinzipiell der gleiche; praktisch werden bei B mehr Maßnahmen verwirklicht werden können.

Solange diese Konzeption unvollständig bleibt, sind als neue Organe nur technische Kontrollteams und bei den Paktorganisationen jeweils akkreditierte Verbindungsmissionen notwendig. Im Anfangsstadium würde sich in den bestehenden Allianzen die politische Konsultation verstärken, die Allianzorgane würden an Bedeutung gewinnen. Im weiteren Verlauf könnte das Gewicht zwischen oder über den Bündnissen errichteter Organe zunehmen. Endstadium wäre eine aus Regierungs- oder eventuell Allianzvertretern zusammengesetzte »Europäische Sicherheitskommission«, die aus einer »Europäischen Sicherheitskonferenz« hervorgehen könnte. Auch eine schiedsgerichtliche Instanz ist vorstellbar.

Ein solches Modell kann mit relativ geringfügigen Änderungen des jetzigen Zustandes geschaffen werden. Die Vereinigten Staaten und die Sowjetunion bleiben Führungsmächte ihres jeweiligen Bündnissystems. Die Grundlage der Sicherheit in Europa wäre von der heutigen (und demgemäß von der Konzeption A) grundsätzlich nicht verschieden, solange noch sowjetische und amerikanische Truppen in Mitteleuropa stationiert sind.

Es ist auch unter B unwahrscheinlich, daß es in absehbarer Zeit zu einem vollständigen Abzug aller Stationierungsstreitkräfte kommen würde. Ein vollständiger Abzug setzt die Klärung der Frage voraus, ob dann die Bündnisse und die verklammernden Institutionen bestehen bleiben könnten. Die Supermächte dürften daran interessiert sein, ihre bisherige Position in den Gremien der Bündnisse und des Europäischen Sicherheitsrates beizubehalten. Unter den westlichen

Mitgliedstaaten könnte die Meinung geteilt sein zwischen denen, die den Einfluß der USA und der UdSSR auf europäische Fragen beseitigt sehen wollen, und jenen, die eine enge Verbindung zwischen Amerika und Europa befürworten.

Es ist kaum denkbar, daß unter Konzeption B Verifikationsmaßnahmen für den gesamten territorialen Bereich beider Bündnisse verwirklicht werden können. Die Sowjetunion hat bisher in Abrüstungsdiskussionen stets den Standpunkt vertreten, daß auf ihrem Gebiet nur Konrollen über ausgemusterte Waffen stattfinden dürfen. Die Amerikaner werden andererseits kaum »Inspektionen« im militärischen Bereich zustimmen, die die Sowjets nicht auch für sich akzeptieren. Wie Großbritannien sich verhalten wird, ist offen. Frankreich dürfte für sein Gebiet vermutlich keine Kontrollen zulassen, mit Sicherheit nicht für den Bereich der Nuklearwaffen. Da auf dem Gebiet der Bundesrepublik Deutschland und der DDR eine besonders starke Konzentration von Streitkräften und Waffen besteht, wird sich die Tätigkeit der Kontrollorgane im wesentlichen auf deutsches Gebiet erstrecken.

Bewertung
Bundesrepulik Deutschland

Für die Bundesrepublik bedeutet eine Verklammerung der Bündnisse, daß sie die DDR als gleichberechtigten Partner, d.h. wie einen Staat behandeln muß. Sie wird das nur tun, wenn der Osten seinerseits die völkerrechtliche Anerkennung der DDR durch die Nato-Staaten nicht zur Voraussetzung macht. Die permanente gleichberechtigte Beteiligung der DDR kommt gleichwohl einer Bestandsgarantie der DDR durch die Nato-Mitglieder gleich. Sie hat eine weltweite Aufwertung zur Folge. Die deutsche Teilung wird institutionalisiert. Entspannungswirkungen können sie allenfalls erträglicher machen. Jede solche Konzeption ist im Grunde ein perfektes System der Sicherheit vor Deutschland und regelt unausgesprochen für lange Zeit das Hauptproblem der europäischen Sicherheit auf der Basis des Status quo. Da die deutsche Frage nur im Zusammenhang mit der Regelung der europäischen Sicherheit gelöst werden kann, bietet dieses Modell also – auch wenn man es in sich für entwicklungsfähig hält – kaum noch einen Hebel für eine Überwindung der Teilung Deutschlands. Es führt nicht über »Entspannung« hinaus.

Da wir Vollmitglieder der westlichen Allianz bleiben, wird zwar formell eine Diskriminierung der Bundesrepublik vermieden. Die Ausstattung des Modells, die geographische und sachliche Erstrekkung von Abrüstungs- und Rüstungskontrollmaßnahmen und deren institutionalisierte Kontrolle können jedoch erhebliche materielle Diskriminierungen beinhalten.

DDR

Der DDR eröffnen sich Aussichten für eine Anerkennung durch dritte Staaten und auf Aufnahme in die zwischenstaatlichen Organisationen. Darüber hinaus dürfte ihre Hoffnung auf Anerkennung auch im Nato-Bereich nicht ganz unberechtigt sein. Im ganzen dürfte das Modell den Zielen der DDR überwiegend entsprechen.

USA

Jeder Fortschritt in Abrüstungsfragen setzt ein amerikanisch-sowjetisches Einvernehmen voraus. Für die Konzeption B bedeutet das eine Stärkung der Führungsrolle der USA innerhalb des Bündnisses. Das amerikanische Instrumentarium zur Krisenbeherrschung und Konfliktkontrolle bleibt bei vermindertem Aufwand erhalten. Die Konzeption entspricht dem Interesse Amerikas an stabilen Verhältnissen in Europa.

Sowjetunion

Ähnliches gilt für die Sowjetunion. Sie erreicht zudem ihr Ziel der Festigung des Status quo. Damit ist der Grundstein gelegt für eine europäische Friedensordnung im sowjetischen Sinn. Es ist jedoch nicht sicher, ob die Sowjetunion die Konzeption B als die optimale Sicherung ihrer Interessen erkennen oder ob sie weiter auf ihrer bisherigen Forderung der Auflösung der Pakte beharren wird.

Osteuropäische Paktstaaten

Bei den osteuropäischen Paktstaaten würde es in dem Maße mehr oder minder versteckte Abneigung geben, in dem sie sich gegen die sowjetische Hegemonie in Osteuropa wenden.

An einer Aufwertung der Pakte ist jedenfalls Rumänien nicht interessiert.

Westeuropäische Paktstaaten

Die Zementierung der Pakte und der Stellung ihrer Führungsmächte widerspricht der französischen Politik.

Die anderen westlichen Bündnispartner, einschließlich Großbritannien, würden ihr dagegen grundsätzlich wohlgesonnen sein.

Europäische bündnisfreie Staaten

Für diese bietet das Modell keine Möglichkeit zur Mitarbeit, aber sie würden ein Zustandekommen des Modells unter Aspekten der Spannungsminderung begrüßen.

Diese generelle Bewertung dürfte im Einzelfall nuanciert sein. So wird z.B. Jugoslawien den Nachteil der Aufwertung der Pakte stärker empfinden als den Vorteil der Entspannung.

IV.
Ersetzung der Pakte durch ein neues Sicherheitssystem (Konzeption C)

Nachstehend werden die Grundzüge eines europäischen Sicherheitssystems beschrieben, das NATO und Warschauer Pakt ersetzen könnte. Da es sich hierbei um ein neues System handelt, trägt die Beschreibung notwendigerweise Modellcharakter. Dabei wird jedoch kein vertragsreifes Modell durchkonstruiert; es sollen vielmehr – unter Berücksichtigung unserer Interessen – die Elemente erfaßt werden, die jedes solche System haben müßte.

Allgemeines

NATO und Warschauer Pakt werden aufgelöst. An ihre Stelle tritt ein europäisches Sicherheitssystem, das von den USA und der Sowjetunion garantiert wird. Großbritannien und Frankreich können entweder Mitglieder oder Garantiemächte werden. Die DDR wird von uns völkerrechtlich anerkannt.

Teilnehmerkreis

Im Interesse der Bundesrepublik Deutschland liegt es, daß außer den beiden deutschen Staaten mindestens noch die Beneluxstaaten, Polen und die CSSR dem Sicherheitssystem angehören. Bei weniger Teilnehmern würde es wie ein Kontrollsystem über Deutschland wirken. Jede Erweiterung des Teilnehmerkreises über die genannten sieben Staaten hinaus bringt Vor- und Nachteile mit sich. Die Vorteile überwiegen jedoch.

Falls Großbritannien und Frankreich dem Sicherheitsystem beitreten, würde dessen Gewicht erheblich wachsen; die Gefahr eines deutschen Übergewichts wäre beseitigt; das Sicherheitssystem könnte Ausgangspunkt und Rahmen einer gesamteuropäischen politischen und wirtschaftlichen Zusammenarbeit werden. Großbritannien und Frankreich werden jedoch aller Voraussicht nach ihren nuklearen Status behalten wollen; in diesem Falle ist ihre Mitgliedschaft schwer vorstellbar, sie sollte gleichwohl angeboten werden.

Wenn die europäischen Nuklearmächte außerhalb des Systems bleiben, so würde auch das gewisse Vorteile bieten: Die Mitglieder haben alle den gleichen nichtnuklearen Status und weisen mithin größere Homogenität auf; bei einer Bedrohung des Sicherheitssystems durch die Sowjetunion können Großbritannien und Frankreich als Brückenkopf der Amerikaner in Europa dienen.

Beschreibung

a) Die Garantiemächte dürfen weder Truppen noch Waffen auf dem Vertragsgebiet stationieren. Die Garantie erstreckt sich auf den Bestand des Sicherheitssystems, insbesondere auf den Schutz der Grenzen aller Mitgliedstaaten. Ein Eingreifen der Garantiemächte bedarf der Zustimmung der zuständigen Organe des Sicherheitssystems.

Weitergehende Rechte oder Pflichten stehen den Garantiemächten nur zu, soweit sie sich aus dem folgenden Abschnitt ergeben. (Siehe unter c).

b) Die Mitgliedstaaten (ggf. mit Ausnahme Frankreichs und Großbritanniens) sind entnuklearisiert. Das Territorium der Mitgliedstaaten ist eine atomwaffenfreie Zone.

Bei Einführung des Sicherheitssystems kann dem noch bestehenden Ost-West-Gegensatz dadurch Rechnung getragen werden, daß die »westlichen« und die »östlichen« Streitkräfte gleichgewichtig sein müssen. Das bedeutet auf jeden Fall eine Verminderung der Streitkräfte der Bundesrepublik Deutschland. Wie stark (im Interesse der Wiedervereinigung) diese Verminderung sein kann, hängt von der Zahl der westlichen Teilnehmer am Sicherheitssystem ab. Die Stärke der Streitkräfte des wiedervereinigten Deutschland darf das Sicherheitssystem nicht stören. Das kann z.B. dadurch erreicht werden, daß sich die Stärke der deutschen Streitkräfte nach der der Streitkräfte Polens und der CSSR richtet.

c) Das Recht der Deutschen auf Wiedervereinigung wird von allen Garantiemächten und Mitgliedstaaten anerkannt. Sie verzichten darauf, in den Prozeß der Annäherung und der Wiedervereinigung der beiden deutschen Teilstaaten einzugreifen.

Die Rechte der vier für Deutschland besonders verantwortlichen Mächte bleiben im übrigen in vollem Umfang oder nur in bezug auf Berlin aufrechterhalten.

(Außer durch einseitigen Verzicht können die alliierten Vorbehaltsrechte im Rahmen einer umfassenden friedensvertraglichen Regelung erlöschen. Das Sicherheitssystem muß eine solche Regelung nicht enthalten. Soweit diese Rechte durch mit der Bundesrepublik Deutschland oder der DDR getroffene Abmachungen berührt werden, müßte dies jedoch Gegenstand von Überleitungsregelungen werden.)

Berlin wird Sitz der Organe des Sicherheitssystems. In einem festzulegenden Zeitraum werden die in Berlin stationierten Truppen der vier Mächte nach und nach durch Kontingente der Mitgliedstaaten – mit Ausnahme solcher der DDR und der Bundesrepublik Deutschland – abgelöst. Die oberste politische Gewalt wird in den Sektoren der Stadt wie bisher durch Beauftragte der vier Mächte ausgeübt.

d) Die Mitgliedstaaten verpflichten sich,
- jede Einmischung in die inneren Verhältnisse anderer Mitgliedstaaten zu unterlassen
- keine militärischen Sonderbündnisse zu schließen
- militärische Vereinbarungen anderer Art nur mit Zustimmung der zuständigen Organe des Sicherheitssystems zu treffen
- zur obligatorischen rechtlichen Streiterledigung
- zur Teilnahme an Sanktionen gegen Mitgliedstaaten, die sich vertragswidrig verhalten

- untereinander zum Beistand gegen jeden Angriff von Mitgliedstaaten und Nichtmitgliedstaaten.

e) Die Organe des Sicherheitssystems sind
der Europäische Sicherheitsrat,
das Rüstungskontrollamt und
das Schiedsgericht.
Zu den Aufgaben des Europäischen Sicherheitsrates gehört es,
- dem Eingreifen der Garantiemächte zuzustimmen
- Vertragsverletzungen festzustellen
- über Sanktionen zu beschließen
- die militärische Beistandspflicht sowie Art und Umfang der Hilfeleistung festzustellen
- grundsätzliche Entscheidungen auf dem Gebiet der Abrüstung und Rüstungskontrolle zu treffen.

Der Sicherheitsrat entscheidet mit qualifizierter Mehrheit, die ausschließt, daß die östliche Gruppe der Mitgliedstaaten überstimmt werden kann. Beschlüsse kommen nur zustande, wenn z.B.
bei 4 westlichen und 3 östlichen Mitgliedern nicht mehr als 1 Gegenstimme
bei 6 westlichen und 4 östlichen Mitgliedern nicht mehr als 2 Gegenstimmen
bei 13 westlichen und 7 östlichen Mitgliedern nicht mehr als 4 Gegenstimmen abgegeben werden.

Das Rüstungskontrollamt steht dem Europäischen Sicherheitsrat als ausführendes Organ für Aufgaben der Abrüstung und Rüstungskontrolle zur Verfügung. Das zivile und militärische Personal besteht aus Staatsangehörigen der Mitgliedstaaten. Das Schiedsgericht ist zuständig bei Streitigkeiten über die Auslegung des Vertrages. Nicht justitiabel sind Entscheidungen des Europäischen Sicherheitsrates über
- Eingreifen der Garantiemächte
- Sanktionen
- militärische Beistandspflicht sowie Art und Umfang der Hilfeleistung.

Bewertung

Das System gewährt den Mitgliedern Sicherheit voreinander. Es ist so angelegt, daß es normalerweise frei von Einfluß der Supermächte funktioniert. Wenn eine der beiden Supermächte politischen oder militärischen Druck auf die Staaten des Sicherheitssystems auszuüben versucht, kann die andere aufgrund ihrer Garantieverpflichtung um Hilfe gebeten werden.

Die amerikanische Garantie gibt den westlichen Mitgliedstaaten weniger materielle Sicherheit als sie heute im Atlantischen Bündnis haben. Die östlichen Mitgliedstaaten erhalten dafür einen zusätzlichen Schutz, weil sich die amerikanische Garantie auch auf jede Verletzung ihres Gebietes durch die Sowjetunion erstreckt. Das System begünstigt die Liberalisierung kommunistischer Regime. Soweit bei östlichen Mitgliedstaaten überhaupt ernsthaft Furcht vor einer amerikanischen Aggression bestehen sollte, können sie der Wirksamkeit der Garantie der benachbarten Sowjetunion sicherer sein, als die westlichen Mitgliedstaaten der Garantie des weit entfernten Amerika.

Modell C geht davon aus, daß die USA nicht bereit sind, eine Beherrschung oder Besetzung des Sicherheitsgebietes durch die Sowjetunion hinzunehmen. Das Sicherheitssystem ist funktionsfähig, wenn die SU das Risiko eines großen Krieges auch weiterhin scheut. Ein Abzug der amerikanischen Truppen erscheint dann militärisch tragbar. Die psychologischen Voraussetzungen dafür müssen geschaffen werden. Das Modell C kann nur auf der Basis der Gleichberechtigung der Mitgliedstaaten und eines Kompromisses zwischen den gegensätzlichen Auffassungen in der Deutschlandfrage funktionieren. Polen wird nicht mitmachen, ohne daß seine Grenzen endgültig fixiert sind. Die DDR wird die volle Anerkennung verlangen. Die Bundesrepublik kann nicht auf den Anspruch auf Wiedervereinigung und Sicherung West-Berlins verzichten. Andererseits kann die praktische Zusammenarbeit der Vertreter beider Deutschland in den Institutionen des Systems, die ihren Sitz in Ost- und West-Berlin haben, der Wiedervereinigung den Weg bereiten. Berlin erhält eine neue politische Aufgabe (im Gegensatz zu der im wesentlichen unveränderten Stellung Berlins in a und b). Die Auswirkungen auf die politischen Einigungsbestrebungen in Europa richten sich nach dem Teilnehmerkreis. Wenn die Mehrzahl der europäischen Staaten Mitglied des Sicherheitssystems wird, ergeben sich besonders günstige Aussichten für eine politische Zusammenarbeit ganz Europas. Nehmen nur einige mitteleuropäische Staaten am Sicherheitssystem teil, so werden sich schon für die Weiterentwicklung des Gemeinsamen Marktes Schwierigkeiten ergeben. Eine Fortsetzung der Bemühungen um eine westeuropäische politische Integration erscheint nahezu ausgeschlossen.

Deutschland

Das Sicherheitssystem dient in erster Linie unseren Interessen. Es erfüllt zwar sowjetische Forderungen (Anerkennung der DDR und der Oder-Neiße-Linie, vermutlich auch Lockerung unserer Bindungen zu Berlin), benutzt sie aber nur, um Voraussetzungen für eine Wiedervereinigung zu schaffen. In beiden Teilen Deutschlands würden starke Kräfte wirksam werden, die auf eine Annäherung zielen. Der formale Akt der Anerkennung der DDR kann nicht die elementaren Nachteile für das Regime aufwiegen. Ohne die Anwesenheit sowjetischer Truppen und ohne Interventionsrecht der Sowjetunion wäre es auf sich gestellt und ungeschützt den Umwelteinflüssen ausgesetzt. Dies führt zu dem Schluß, daß die DDR eine Ablehnung des Sicherheitssystems nur schwer begründen könnte, eine Zustimmung jedoch nur denkbar ist, wenn übergeordnete sowjetische Interessen sie dazu zwingen.

USA

Truppenabzug und Denuklearisierung würden eine erhebliche Entlastung in einer weltpolitisch wichtigen Region bedeuten, ohne die eigene Sicherheit unmittelbar zu beeinträchtigen. Die USA würden weniger als bisher auf ihre europäischen Partner Rücksicht nehmen müssen. Das System setzt bei Abschluß ein hohes Maß an sowjetisch-amerikanischer Übereinstimmung voraus und eröffnet weitere Möglichkeiten bilateraler Zusammenarbeit. Die Auflösung der Nato schwächt die Position der USA in Europa. Das amerikanische Instrumentarium zur Konfliktkontrolle wird beeinträchtigt.

Unter diesen Umständen ist es fraglich, ob den USA dieses Sicherheitssystem annehmbar erscheint.

Frankreich und Großbritannien

Die Zielsetzung des Sicherheitssystems dürfte den französischen Interessen entsprechen. Es ist aber fraglich, ob Frankreich dessen geplante Organisation als vorteilhaft empfinden wird. Diese gewährleistet jedenfalls keine französische Führungsrolle auf dem europäischen Kontinent. Großbritannien wird wahrscheinlich eine Verringerung des amerikanischen Engagements in Europa nicht wünschen. Es dürfte der Atlantischen Gemeinschaft gegenüber einer rein innereuropäischen Zusammenarbeit den Vorzug geben.

Kommt das Sicherheitssystem zustande, so müßten sich Frankreich und Großbritannien entscheiden, ob sie Garantiemacht oder Mitglied sein wollen. Als Garantiemacht behalten sie einen größeren politischen Spielraum außerhalb des Sicherheitssystems; als Mitgliedstaaten können sie eine später vielleicht eintretende politische Weiterentwicklung des Systems mitgestalten, müßten aber Beschränkungen ihrer konventionellen Rüstung und ihrer Bündnisfähigkeit auf sich nehmen. Für beide könnte außerdem der Gesichtspunkt eine Rolle spielen, daß Großbritannien über eine Mitgliedschaft in einem größeren europäischen Sicherheitssystem leichter Zugang zum Gemeinsamen Markt finden würde.

Sowjetunion

Die Sowjetunion erreicht zunächst ihre erklärten politischen Ziele in Europa. Sie muß nicht nur den Warschauer Pakt, sondern auch ihre bilateralen Bündnisbeziehungen zu Osteuropa opfern. Sie riskiert das Ende der kommunistischen Regime in den östlichen Mitgliedstaaten (jedenfalls aber das Ende der Abhängigkeit dieser Staaten von ihr) und ein politisch organisiertes Europa ohne ihre Beteiligung und möglicherweise mit deutschem Übergewicht. Obwohl sie die Anerkennung des Status Quo erreicht hat, öffnet sie seiner Überwindung die Tür. Es ist mithin fraglich, ob sie dieses Modell wirklich als in ihrem Interesse liegend ansehen würde. Sie könnte sich jedoch nur schwer dagegen aussprechen.

Osteuropäische Staaten

Insoweit in diesen Staaten das Interesse an möglichst starkem Zusammenhalt innerhalb des Warschauer Paktes und möglichst geringen Veränderungen des inneren und äußeren Gefüges seiner Mitglieder Vorrang hat, dürften ähnliche Bedenken wie in der Sowjetunion bestehen. Das gilt besonders für die DDR.

Im ganzen dürfte aber das Interesse an möglichst breiter Überwindung der europäischen Teilung und an der Herstellung eines befriedeten Zustandes in Europa überwiegen. Die größere Unabhängigkeit von der Sowjetunion wird begrüßt werden. Für die osteuropäischen Staaten fällt sogar besonders ins Gewicht, daß sie auch gegenüber den Sowjets eine amerikanische Nukleargarantie erhalten. Im Ergebnis dürfte dieses Modell in Osteuropa weitgehend als Idealzustand angesehen werden.

V.
Schlußbemerkung

Diese Untersuchung hat zu dem Ergebnis geführt, daß die Konzeption C, also die Auflösung der Militärpakte und die Schaffung eines neuen Sicherheitssystems, unseren Interessen eindeutig am besten entsprechen würde. Es ist jedoch nicht zu verkennen, daß eine solche Konzeption auf absehbare Zeit nur geringe Aussicht hat, verwirklicht zu werden –, was nicht ausschließt, daß man sie gleichwohl vorschlagen sollte.

Als wahrscheinliche Entwicklung muß die Konzeption B angesehen werden. Sie entspricht nicht nur den Interessen sehr vieler Partner, sondern sie läßt sich auch mit relativ geringfügigen Veränderungen des jetzigen Zustandes erreichen. Man rutscht gewissermaßen in sie hinein. Diese Konzeption B aber, also die Verklammerung der Pakte, entspricht unseren Interessen in keiner Weise, sondern führt zu einer Verfestigung des Status quo, die eine Lösung der deutschen Frage und den Übergang zu einem gesamteuropäischen Sicherheitssystem nach unseren Wünschen, wenn nicht möglich macht, so doch erschwert und verzögern würde.

Wir müssen der allzu naheliegenden Versuchung widerstehen, die Bündnisse erhalten und gleichwohl zu einem »gesamteuropäischen Sicherheitssystem« gelangen zu wollen. Dies würde für uns nur scheinbar Fortschritte bringen, tatsächlich aber eine Akkumulierung von Nachteilen darstellen.

Solange wir also ein neues Sicherheitssystem nicht erreichen können, sollten wir an der Konzeption A, also an einem Nebeneinander der Bündnisse unter Ausschluß von deren Verklammerung festhalten und alles vermeiden, was in die Konzeption B überleiten könnte. Wir haben auch in diesem Rahmen noch große Möglichkeiten zu umfangreichen und substantiellen Entspannungsmaßnahmen und halten uns gleichzeitig Möglichkeiten der künftigen Entwicklung und insbesondere Chancen zur Lösung unserer nationalen Anliegen offen.

Sich aus alten Denkschablonen befreien
(1982)

Ende 1980 bat der schwedische Ministerpräsident Olof Palme als Vorsitzender der nach ihm benannten unabhängigen Kommission, ich sollte über Kriterien der Sicherheit im atomaren Zeitalter nachdenken. Das Ergebnis hieß »Gemeinsame Sicherheit«, was mich so erschrocken machte, weil das im eklatanten Gegensatz zum ganzen, aus der Geschichte bekannten Verhalten von Menschen und Staaten stand, daß ich es erst einmal drei Monate weglegte. Der Schrecken war um so größer, als Ronald Reagan Präsident geworden war und das Wort »Entspannung« aus dem politischen Wortschatz Amerikas verbannt wurde.

Aber auch nach den drei Monaten ergab die Überprüfung keinen Denkfehler. Carl Friedrich von Weizsäcker, zu dessen Urteil ich uneingeschränktes Vertrauen hatte, äußerte sich positiv. Daraufhin legte ich das Konzept der Palme-Kommission vor, die »Gemeinsame Sicherheit« zum Kern ihres Reports machte.

Im Frühjahr 1982 stellte ich es bei der Verleihung des Gustav Heinemann-Friedenspreises der deutschen Öffentlichkeit vor. Die Folgerungen, das deutsche Territorium von Atomwaffen zu befreien, sind aktueller denn je.

Alle wollen Sicherheit. Dieser elementare Wunsch existiert, seit es Geschichte gibt. Um sicher zu sein, mußte man stark sein. Noch sicherer war, wer Verbündete gewann. Am sichersten war man natürlich, wenn man den potentiellen Gegner besiegte, also die Gefahr für sich ausschaltete. Der potentielle Gegner dachte und rüstete und handelte genauso. Das Ergebnis war die Geschichte der Kriege. Heute leben wir im Zeitalter der gesicherten gegenseitigen Vernichtung, der Mutual Assured Destruction, wie das die Amerikaner genannt haben. Diese Fähigkeit hat den Sieg und die Hoffnung auf Sieg ausgelöscht. Abstrakt weiß man das. Das wirkliche Verhalten entspricht aber immer noch dem traditionellen Denken. Wir erleben Diskussionen über einen ersten Schlag, einen Überraschungsangriff, den Vorteil des ersten Gebrauchs von Atomwaffen, über die Begrenzbarkeit von Kriegen und ihre Führbarkeit. Alle diese Diskussionen finden ihren Sinn in der verzweifelten Rechnung, wenn nötig den Krieg auch gewinnen zu können. Die Hoffnung, Krieg zu verhindern, sucht zu ihrer Rückversicherung seine Vorbereitung und die Fähigkeit, ihn zu führen und zu gewinnen. Die klassische Formel: Wenn du den Frieden willst, bereite den Krieg vor, hat, seit sie geprägt wurde, buchstäblich Tausende von Kriegen nicht verhindert. Bisher konnten alle Schäden repariert werden, die der Krieg verursachte. Die unersetzlichen Menschenleben, die wir nicht vergessen wollen, deckte die Zeit zu. Ein atomarer Krieg wäre etwas grundsätzlich anderes. Er könnte das Leben der Menschheit auslöschen. Der atomare Krieg ist irreparabel. Irrtümer wären nicht mehr korrigierbar. Deshalb ist es oberstes Ziel, politisch wie ethisch, vor Gott und den Menschen, das Ende der Menschheit zu verhindern. Es gibt keinen Wert, der darüber geht, kein Prinzip, das höher steht, kein Interesse, das nicht untergeordnet werden müßte.

Kommunisten und Kapitalisten, Gläubige und Ungläubige, Reiche und Arme aller Hautfarben haben sich diesem ersten Gebot des menschlichen Lebens unterzuordnen. Der Friede ist Pflicht, hat der Papst gesagt. Vom Ernstfall des Friedens sprach Gustav Heinemann und meinte das gesellschaftspolitische Verhalten für unseren Staat; Heinemanns Wort gilt buchstäblich global. Alarmiert haben wir erlebt, daß innerhalb weniger Stunden die Frage, ob eine Inselgruppe künftig Falklands oder Malvinen heißt, auch 1982 noch nationalistische Stimmungen entfachen kann, die nach der Verhältnismäßigkeit der Mittel wenig fragen. Aber schlimm wird die Sache, wenn in der *Frankfurter Allgemeinen Zeitung* diese Haltung verherrlicht und verabsolutiert wird; wenn dieses Blatt, was der *National- und Soldatenzeitung* würdig wäre, Friedensmentalität verächtlich zur winselnden Harmlosigkeit degradiert und mit Machtverzicht und politischer Raumleere gleichsetzt.

Wer uns England als Beispiel vorhält und zum Muster europäischer Zivilisation und Prinzipienfestigkeit erklärt, setzt die Gesetze des nuklearen Zeitalters außer Kraft. Denn folgerichtig müßte er fordern: Das Prinzip des Selbstbestimmungsrechts gilt für die Deutschen sicher nicht weniger als für die Falkländer. Und warum soll dann Japan noch zögern, es gegenüber den Kurilen anzuwenden? Was hindert die Nato, ihre Prinzipien in der Türkei durchzusetzen oder sie Solidarność durchsetzen zu helfen? Es ist eine Beleidigung aller Deutschen, ihnen Prinzipienlosigkeit oder Krämergeist vorzuwerfen, weil wir berechtigte nationale Wünsche und das Prinzip des Selbstbestimmungsrechts der Pflicht zum Frieden untergeordnet haben. Es gibt keine Ziele und keine Interessen, die anders als im Frieden und anders als mit den Mitteln des Friedens verfolgt werden dürfen. Es sei denn, wie im Falle Argentinien und der britischen Reaktion darauf, daß beide glauben, sich den grausamen Luxus eines garantiert nichtnuklearen Konflikts noch einmal leisten zu können. Europa kann und darf das nicht.

Der Wille zum Frieden darf nicht als Bereitschaft zur Unterwerfung mißverstanden oder verleumdet werden. Der Wille zum Frieden erstrebt eine Welt, in der sich jedes Volk in Sicherheit und in Respekt vor seinen Nachbarn entwickeln kann, eine Welt, in der es ideologische Auseinandersetzungen gibt, die mit vielen Mitteln, aber jedenfalls nicht mit denen des Konflikts und der Gewalt ausgetragen werden dürfen. Bis zu diesem Zustand ist es wohl noch ein weiter Weg.

Friedenssicherung durch Kriegsvorbereitung ist abgelöst worden durch die Doktrin der Abschreckung. Dies ist ein Fortschritt. Die nuklearen Rüstungen in Ost und West sollen Krieg nicht vorbereiten, sondern verhindern. Aber es gibt unterschiedliche Doktrinen der Abschreckung. Die Nato-Strategie der flexiblen Antwort will die Abschreckung auf allen denkbaren Stufen eines Angriffs, konventionell, strategisch und interkontinental wasserdicht, also lückenlos machen. Diese Strategie kann nicht verhindern, daß sie im Kern das Anhalten auf jeder Stufe beinhaltet. Das ist sogar erwünscht. Sie findet ihren Sinn in der Hoffnung auf Begrenzbarkeit, falls die Abschreckung nicht funktioniert.

Die sowjetische Strategie lehnt die Möglichkeit der Begrenzbarkeit ab und kündigt die globale strategische Antwort an. Sie verfolgt also die massive politische Abschreckung. Auf seiten des Westens lückenlose, aber in Stufen unterscheidbare Abschreckung oder die totale Abschreckung auf seiten des Ostens – die Menschheit wird hoffentlich nie die Erfahrung machen müssen, welche der beiden Strategien sich durchsetzt.

Die Nato hatte einmal die Strategie der massiven Vergeltung, ohne Zweifel eine höchst wirksame Abschreckung, solange die Sowjetunion nicht in der Lage war, Amerika durch Atomraketen zu erreichen. Sie wurde abgelöst mit dem Hinweis, daß nicht länger glaubwürdig wäre, Amerika würde seine Existenz aufs Spiel setzen für den Fall eines regional begrenzten sowjetischen Angriffs. Die Doktrin der Abschreckung heißt: Nur wenn ich bereit bin, meine eigene Existenz zu wagen, mit dem Druck auf den atomaren Knopf, werde ich nicht nötig haben, das zu tun. Das Gleichgewicht des Schreckens, die gegenseitig gesicherte Zerstörung, hat funktioniert.

Es war logisch, wenn nach dem Ende der massiven Vergeltung immer kleinere Atomwaffen entwickelt wurden, Systeme begrenzter Wirksamkeit, zielgenau auf dem überschaubaren Gefechtsfeld benutzbar. Diese Waffen haben nicht nur die Zerstörungskraft der großen strategischen Waffen verkleinert, sondern auch den Schrekken vor ihnen. Die Miniaturisierung von nuklearen Waffen birgt die Gefahr der Miniaturisierung der Abschreckung. Die Senkung der atomaren Schwelle, die besonders bei der Einführung von Neutronen-Waffen möglich würde, könnte technisch und politisch die Neigung verstärken, auf ihre Benutzbarkeit zu hoffen, ohne die große Katastrophe befürchten zu müssen. Es handelt sich also um eine Entwicklung, die gerade in Europa sogar ungewollt die Abschreckung mindern und damit die Gefahr eines Krieges vergrößern könnte.

Abschreckung enthält zwei Elemente: Das eine Element ist das der gegenseitigen Abhängigkeit. Man ist auf den Gegner fixiert, mit dem Gegner in dem gemeinsamen Ziel der Kriegsverhinderung durch Abschreckung verbunden. Gleichzeitig enthält Abschreckung das andere, das klassische Element. Man muß alle Optionen des Gegners haben, wenn möglich bessere, mit Vorteilen, um für den Fall, daß Abschreckung nicht funktioniert, Krieg wirklich führen zu können. Ohne diese Fähigkeit würde Abschreckung natürlich nicht funktionieren. Mir scheint die Idee der Abschreckung eine Übergangstheorie zu sein. Sie will Kriegsverhinderung mit der Führbarkeit von Kriegen verbinden, falls doch Krieg nicht zu verhindern wäre. In diesem inneren Widerspruch liegt auch eine Gefahr. Man könnte überspitzt sagen: Nicht die Idee der Abschreckung, sondern der Schrecken der Waffen selbst hat den nuklearen Krieg verhindert. Wenn die Waffen durch die Begrenzbarkeit ihrer Zerstörungskraft den Schrecken vor sich mindern, wird auch die Wirksamkeit der Abschreckung gemindert werden.

Im Zeitalter der gegenseitig gesicherten Zerstörung ist Sicherheit nicht mehr vor dem Gegner, sondern nur noch mit ihm zu erreichen.

Die Gegner wären im Untergang vereint; sie können nur gemeinsam überleben. Das nukleare Zeitalter verlangt die Doktrin der gemeinsamen Sicherheit.

Gemeinsame Sicherheit verlangt das Umdenken, den Gegner als Partner zu akzeptieren, weil und nachdem er durch Gewaltanwendung nicht mehr zu besiegen ist. Daß die Gegner Partner von Rüstungskontroll-Verhandlungen sind, ist schließlich unbestreitbar. Erstaunlich, daß die Union den Bundeskanzler wegen einer solchen Feststellung angreift. Wenn Reagan mit Breschnew über die Begrenzung strategischer Waffen redet, dann sind beide Partner. Das bedeutet nicht, daß Reagan Kommunist und Breschnew Demokrat werden muß. Es bedeutet auch nicht, daß die beiden ihre Verbündeten vergessen. Die globale Partnerschaft zur Verhinderung eines interkontinentalen nuklearen Krieges geht allen Bündnissen vor. Die Bündnisse bleiben auch unentbehrlich, da niemand weiß, ob die Partnerschaft funktionieren wird. Bisher ist es so, daß jeder der beiden Partner seinen Vorteil sucht; denn sie sind Partner aus Zwang und nicht aus Neigung. Fast alle bisherigen Rüstungskontroll-Verhandlungen und -Vereinbarungen haben darunter gelitten, daß beide Seiten sich Vorteile zu verschaffen suchten, indem sie Lücken ließen, um ihre Stärken weiter zu entwickeln oder ihre Schwächen auszugleichen.

So ist geschehen, daß bei der Vereinbarung über Salt II zum Beispiel Raum blieb für die Entwicklung seegestützter Marschflugkörper, auf beiden Seiten. Dieses Rennen hat begonnen. Die Amerikaner entwickeln viele Hunderte davon, und die Russen tun das gleiche. Wir stehen vor einer Phase, in der beide Seiten sich Mittel verschaffen, die das Territorium des anderen erreichen können, ohne vom eigenen abgeschlossen zu sein. Dies ist deshalb so gefährlich, weil es bei seegestützten Cruise Missiles keinen rüstungskontrollpolitischen Ansatz oder irgendeine verläßliche Verifizierung gibt. Der »Fortschritt« wird abermals destabilisieren und weniger statt mehr Sicherheit bringen, außer beide Seiten verzichten auf einen solchen Fortschritt.

Abschreckung enthält etwas Sicherheit mit dem Gegner, aber mehr Sicherheit vor dem Gegner. Deshalb wird Abschreckung allein niemals geeignet sein, die weitere Aufrüstung zu stoppen. Aber gerade dieser Stopp ist nötig, in erster Linie aus Sicherheitsgründen, aber dann auch aus wirtschaftlichen. Wir sehen doch schon heute, daß nicht einmal Amerika in der Lage ist, alles zu bezahlen, was es bestellt hat und was seine Industrie produzieren könnte. Wir destabilisieren unsere Gesellschaft mit einer Rüstung, die nur durch soziale Kürzungen finanzierbar wird. Und wenn damit nicht einmal mehr Sicherheit produziert wird, so destabilisieren wir unsere Gesellschaft, weil die Rebellion gegen die doppelte Unlogik einer solchen Politik logisch wird und als einziger Ausweg erscheint. Der unentbehrliche Konsens zwischen Bevölkerung und Regierungen, wenn Demokratie funktionieren soll, wird gefährdet, wenn sich der Eindruck ergibt, daß Regierungen Gefangene alter Beschlüsse geworden sind, unfähig zu erkennen, daß falsch wurde, was gestern richtig war, zu schwach, um sich aus alten Denkschablonen zu befreien und in die berühmten Speichen des Rades zu greifen. Manche merken noch gar nicht, daß die Routine der alten Methodik von Verhandlungen und Rüstungen und Teilerfolgen bei Verhandlungen, aber vollen Erfolgen bei Rüstungen in das Herz, nämlich in die Glaubwürdigkeit unserer westlichen Gesellschaft und ihrer Werte führt. Weder durch Repression noch durch Betrug, weder durch Polizei noch durch Beschwichtigung ist das Fehlen eines Konsens über Sinn unserer Verteidigung und über die Perspektive unserer Sicherheit zu ersetzen.

Mindestens ein Viertel der gesamten amerikanischen Intelligenz arbeitet für die Rüstungsindustrie. In der Sowjetunion werden es wohl mehr sein. Auf beiden Seiten sicher nicht die Schlechtesten. Denn jedenfalls in Amerika kann sich die Rüstungsindustrie, weil sie auf Geld weniger Rücksicht zu nehmen braucht, die Besten leisten. Es ist ja auch viel interessanter, über neue Möglichkeiten im Weltraum zu tüfteln und zu experimentieren, als Kühlschränke und Plätteisen zu verbessern. Die Tatsache übrigens, daß Japan in den letzten 30 Jahren seine Intelligenz praktisch ausschließlich auf die Verbesserung der zivilen Produktion gelegt hat, ist neben anderen Faktoren sicher eine Ursache dafür, daß japanische Waren nicht nur billiger, sondern auch auf einer ganzen Reihe von Gebieten besser als amerikanische und europäische geworden sind. Es wäre interessant, dem Gedanken nachzugehen, ob nicht ein Konzept daraus wird, sich systematische Vorteile für friedliche Produktion zu verschaffen, die dann voll wirksam werden, wenn der Aufwand anderer sich auszahlt, den Frieden durch Rüstung zu halten.

Aber wozu über etwas nachdenken, worüber unsere japanischen

Freunde längst nachgedacht haben? Wichtiger ist, daß die Suche der auf Rüstung konzentrierten menschlichen Intelligenz explosive Ergebnisse hat. Die Entwicklung neuer Waffensysteme wächst schneller als die Fähigkeit, sie zu beherrschen. Die Wissenschaft kann dafür Computer einsetzen, die Politik bleibt im wesentlichen auf die Aufnahmefähigkeit der Gehirne angewiesen. Die Elektronik steht im Dienst der Technik, aber nicht im Dienst der politischen Überzeugung. Der Mensch ist buchstäblich in der Gefahr, von seiner Technik überwältigt zu werden. Die Zahl der politischen Gehirne, die sich damit befassen, die Gefahren zu bannen, die von anderen objektiv geschaffen werden, hat sich kaum vergrößert; sie ist auch nicht beliebig vermehrbar, weil die politischen Entscheidungsstrukturen im wesentlichen unveränderbar sind. Tausende arbeiten auf der einen Seite und konfrontieren auf der anderen Seite einzelne, die alle Ergebnisse durchdenken müssen, weil sie entscheiden sollen. Die Tausende sind auf den »Erfolg« fixiert: größere, genauere Zerstörung, Berechenbarkeit, kürzere Flug- und Warnzeiten, Zielgenauigkeit, Ausschaltung gegnerischer Abwehr und menschlicher Schwächen, Ausnutzung der idealen Bedingungen im Weltraum und so fort. Sie machen dabei sogar in der Ausschaltung des Wetters, also der Gegebenheiten unseres Globus, beachtliche Fortschritte. Die anderen sind fixiert auf die Verantwortung, die Notwendigkeit, Übereinstimmung mit ihren Wählern herbeizuführen, Geld für Versuche zu bewilligen, deren Ergebnisse sie nicht überschauen können, und Ergebnisse der Technik zu lernen, um Gefahren zu erkennen, die objektiv entstehen, damit sie sie subjektiv beherrschen können. Dies ist wirklich ein ungleiches Rennen und die Wahrscheinlichkeit, daß die Politik nicht zum Gefangenen einer unkontrollierten Entwicklung wird, ist bedrückend gering.

Die Wissenschaft und die Politik deshalb zu beschimpfen, wäre falsch, jedenfalls ohne Ergebnis. Ich bezweifle, daß ein Appell an die Verantwortung der Wissenschaft Wirkung hätte. Aber jedenfalls ist das Prinzip Verantwortung für die Politik unabweisbar. Wer denn sonst als die Politik soll und muß sich diesem Prinzip als dem übergeordneten stellen, der Verantwortung, nicht alles zu tun, was möglich ist und technisch geht, der Verantwortung vor den kommenden Generationen, der Verantwortung, die mehr ist und mehr verlangt als das Prinzip Hoffnung. Nicht weniger als diese Dimension ist die Meßlatte für die Entscheidungen, die wir zu treffen haben.

Aber auch dies gilt für beide Seiten. Niemand darf glauben, daß die individuelle Aufnahmefähigkeit von Breschnew oder Honecker größer ist als die von Reagan oder Schmidt, daß Quantität oder Qualität derer, die ihnen unmittelbar zuarbeiten und Entscheidungen vorbereiten, sich grundlegend unterscheidet. Wir haben trotz aller Unterschiede der Systeme oder der Wertvorstellungen dieselben Probleme. Es ist leichter, Entwicklungen zu starten, als sie zu beherrschen. Auch von dieser Seite her ist ein neuer Ansatz nötig. Die Erkenntnis, daß keine Seite militärisch oder in der Rüstung noch einen Vorteil erringen kann, der nicht kurze Zeit danach auch dem anderen zuwächst, bedeutet: Es gibt nur gemeinsam Sicherheit. Nur wenn dies beide Seiten akzeptieren, werden sie die Kraft finden, gemeinsam das Rennen zu stoppen, ohne daß der eine über den anderen Vorteile gewinnt. Dann wird es zum gemeinsamen Erfolg, die Einführung neuer Waffenqualitäten zu stoppen. Dann werden sie auch feststellen, daß das Ganze billiger zu haben ist. Gemeinsame Sicherheit führt zu Abrüstung.

Nun gibt es hier wie in Amerika ein Gefühl dafür, daß alte Rezepte und alte Strategien vielleicht nicht mehr funktionieren. Die SPD hat in München eine Strategie-Debatte beschlossen, in Amerika haben McNamara und andere die Frage aufgeworfen, ob der Westen nicht auf den Erstgebrauch von nuklearen Waffen verzichten sollte. In Frankreich gibt es eine Überprüfung der seit de Gaulle gültigen Strategie. Ich halte das angesichts unserer Probleme für natürlich und richtig und möchte meine heutige Rede als einen Beitrag in dieser internationalen Diskussion verstanden wissen.

Dazu gehört ein wichtiger Orientierungspunkt: Solange ich kein neues Konzept habe, muß das alte gelten. Solange es keine neue Strategie gibt, gilt die alte. Keine tiefgreifenden einseitigen Akte können uns mehr Sicherheit bringen.

Gemeinsame Sicherheit heißt auch, daß wir, in der Bundesrepublik Deutschland, Sicherheit nur im Bündnis und mit dem Bündnis bekommen, mit Amerika und nicht ohne. Gemeinsame Sicherheit ist das Gegenteil von »ohne mich«. Der einzelne kann aussteigen, ein Volk nicht. Nicht einmal Amerika könnte allein auf sich gestellt auf Dauer Sicherheit bekommen. Gemeinsame Sicherheit heißt weder Waffenlosigkeit noch Pazifismus. Gemeinsame Sicherheit braucht Streitkräfte und Verteidigungsfähigkeit. Sie eröffnet, ausgehend vom Zustand, wie er ist, die Perspektive, daß der Konflikt zwischen

Ost und West durch Waffen und Gewalt nicht mehr ausgetragen werden kann. Das heißt, daß wir in Sicherheit leben und Auseinandersetzungen nur noch mit Mitteln der Politik, der Wissenschaft, der Zusammenarbeit, des Wettstreits der Besseren stattfinden können.

Gemeinsame Sicherheit muß sich also auch gegen alles wenden, was geeignet sein könnte, das europäische Schicksal vom amerikanischen abzukoppeln oder uns oder den Amerikanern ungleiche Risiken zuzuschieben. Hier beginnt die Diskussion über den Verzicht auf ersten Gebrauch von Atomwaffen. Diese Möglichkeit hat sich bekanntlich die Nato vorbehalten, weil sie anders nicht glaubt, einen konventionell überlegenen Angriff abschrecken oder gegebenenfalls zum Halten bringen zu können. Der Osten hat mehrfach den gegenseitigen Verzicht auf den Erstgebrauch von Atomwaffen angeboten. Das ist immer abgelehnt worden, wegen der konventionellen östlichen Überlegenheit.

Ich habe den Vorschlag der vier Amerikaner deshalb interessant gefunden, weil er die besondere Lage der Bundesrepublik mit unserer besonderen Gefährdung anerkennt und das Interesse formuliert, das unser Interesse auch ist: Die nukleare Schwelle muß so hoch wie möglich gesetzt werden. Wir dürfen nicht durch immer verkleinerte, ganz vorn postierte Atomwaffen gewissermaßen hineingleiten in den atomaren Krieg. Das sprach und spricht gegen Neutronenwaffen, aber auch gegen andere taktische Waffen, über deren Einsatz de facto im Ernstfall ohne politische wirkliche Abstimmungsmöglichkeit schnell und delegiert entschieden werden müßte.

Ich kann auf den Erstgebrauch von Atomwaffen verzichten, wenn ich eine annähernde konventionelle Gleichheit beider Seiten habe, nicht vorher. Ich komme zu dem Ergebnis, daß die gegenwärtige Strategie der sogenannten Triade bleiben muß, solange das konventionelle Gleichgewicht nicht vorhanden und überprüfbar vertraglich gesichert ist.

Aber den nuklearen Krieg oder das Überschreiten der nuklearen Schwelle möglichst unmöglich zu machen, hat einen ganz hohen Stellenwert. Er wäre für mich hoch genug, um auch zu der Konsequenz Ja zu sagen. Wir müßten bereit sein, mehr Geld auszugeben für konventionelle Rüstung, wenn dies der einzige Weg dazu wäre. Hier muß man seine Prioritäten kennen.

In der bisherigen öffentlichen Diskussion ist allerdings verblüffend zu sehen, daß darunter immer konventionelle Aufrüstung verstanden wird, wenn von konventionellem Gleichgewicht gesprochen wird. Es wäre doch naheliegend, mit dem Warschauer Vertrag das annähernde konventionelle Gleichgewicht durch Abrüstung auf eine niedrigere Ebene zu verhandeln. Dabei muß die Bundeswehr nicht die sowjetische Armee ausbalancieren. Aber wenn wir die Zahlen der Gesamtstreitkräfte nehmen, in der Nato und im Warschauer Pakt, dann ist das kein überwältigendes Ungleichgewicht, was da zu beseitigen ist. Natürlich muß man dafür über die Region hinausgehen, wie sie für die Wiener Verhandlungen bestimmt wurde.

Ich muß Streitkräfte in der Sowjetunion ebenso wie in Amerika sehen und auch die Zeit in ein annäherndes Gleichgewicht bringen, die für beide Seiten erforderlich ist, gegebenenfalls auffüllen zu können. Der abgeschlossene Host-Nation-Support zeigt Wege. Vielleicht begrenzt man sich auf Zentral-Europa und läßt zunächst sowohl den Norden wie den Süden beim gegenwärtigen Zustand. Aber es ist klar, daß dann auch die französischen Streitkräfte berücksichtigt werden müssen; sie wollen im Ernstfall ja gar nicht anders betrachtet werden denn als Feind des Angreifers und Teil des Bündnisses. Ich habe es dann mit verschiedenen Asymmetrien zu tun, einer beträchtlichen sowjetischen Panzerüberlegenheit, die durch eine beträchtliche konventionelle Panzerabwehrfähigkeit natürlich nicht soweit auszugleichen wäre, daß wir keine Panzer mehr brauchten.

Aber das Entscheidende ist nicht, auf allen Sektoren zahlenmäßige Gleichheit zu erhalten, sondern offensiv benutzbare Überlegenheiten der anderen Seite so zu reduzieren, daß ein Angriff militärisch sinnlos wird.

In diesem Zusammenhang ist ein Blick auf die Interessen angebracht. Ich glaube, daß seit mehr als einem Dutzend Jahren das Verhalten der beiden Supermächte ihre Priorität zeigt, den großen globalen atomaren Konflikt zu verhindern. Unter dem Gesichtspunkt: das Wichtigste zuerst, haben sie sich vor allem darauf konzentriert, die gewaltigsten Zerstörungspotentiale zu neutralisieren. Das heißt, sie erstreben ein Gleichgewicht, das auf der Basis vernünftigen Verhaltens auf beiden Seiten bei gegenseitiger Verwundbarkeit den Einsatz ausschließt. Der SALT-Prozeß zeigt das. Wir haben Gleiches für die darunter liegenden Ebenen nicht. Krieg zu verhindern ist das Interesse beider; wenn dies nicht möglich ist, so ist das Interesse beider, was immer sie erklären, den Krieg möglichst außerhalb ihrer Territorien zu führen. Wir sollten das nicht kritisieren. Wir würden ebenso denken, wenn wir in Washington oder Moskau säßen. Es entspricht sogar dem allgemeinen Interesse, daß nicht die Menschheit untergeht, falls Europa bis zur Unkenntlichkeit zerstört würde. Interessen lügen nicht, ist gesagt worden, und deshalb ist es richtig, daß natürlich Europa das Interesse hat, in den gleichen Zustand ausbalancierter Sicherheit zu kommen, den beide Supermächte für sich zu festigen suchen.

Das geht auf zweierlei Art: Die eine ist die Verklammerung, die lückenlose Integration aller militärischen Mittel in einer Vollständigkeit, die gewissermaßen wie ein Domino-Prinzip wirkt: Wenn ein Stein fällt, fallen alle anderen. Die Androhung der Eskalation bis zum letzten ist sicher, weil die Sorge vor dem Abgrund bewirkt, daß niemand den ersten Stein anstößt. Die Triade der Nato will das erreichen. Europa will Amerika gewissermaßen nicht die Freiheit lassen zu entscheiden, wann es seine eigene Existenz aufs Spiel setzt, sondern die USA fast automatisch mit dem eigenen Schicksal unlösbar verkoppeln. Wenn das gelänge, wäre es das äußerste an erreichbarer Sicherheit, solange das Gleichgewicht möglichen Schreckens wirkt.

Aber eben dieses haben die Vereinigten Staaten abgelehnt, seit sie die Strategie einer massiven Vergeltung abgelehnt haben, mit der Erklärung, die Androhung zum Einsatz der äußersten Waffen im Falle eines begrenzten Angriffs sei nicht mehr glaubwürdig. Wir dürfen nicht vergessen, daß der Zweifel, ob Amerika sein Schicksal unlösbar an das Europas koppeln wolle, das wohl entscheidende Moment bei de Gaulle gewesen ist, eine eigene nukleare Abschreckung Frankreichs strategisch und militärisch zu entwickeln. Niemand kann Amerika zwingen, seine eigene Existenz einzusetzen, solange es nicht seine eigene Existenz unmittelbar bedroht sieht.

Die Strategie der Flexible response hat ein doppeltes Gesicht. Sie droht auf der einen Seite mit der lückenlosen Abschreckung und gleichzeitig kündigt sie das Interesse an, nur das Notwendige zu tun, Stufen zu haben, um anhalten zu können. Wenn ein Stein fällt, sollen eben gerade nicht automatisch alle anderen fallen. Die gültige Nato-Strategie verbindet also beides. Sie macht Abkoppelung und Ankoppelung denkbar, begrenzten Krieg und unbegrenzten Krieg. Ich zweifle nicht daran, daß im Ernstfall die Bemühungen zur Begrenzung unternommen würden, auch wenn die Sowjetunion mit ihrer

Strategie das Gegenteil androht. Die sowjetische Strategie sagt vereinfacht, ein Krieg in Europa ist nicht begrenzbar und behält sich den Einsatz aller Mittel vor, die sie für notwendig hält, um einen Kampf auf Leben und Tod zu bestehen. Und das geht nicht ohne ihren Hauptgegner, Amerika, entscheidend zu treffen. Dennoch ist der Versuch zur Begrenzung, den Interessen beider entsprechend, wahrscheinlich; die Wahrscheinlichkeit, daß er gelingt, ist annähernd Null aus vielen Gründen, die ich jetzt nicht erörtern will.

Die zweite Art, daß auch Europa in den Genuß des ausbalancierten Gleichgewichts kommt, das die beiden Supermächte für sich zu etablieren suchen, ist die eines konventionellen Gleichgewichts, das jeden Angriff unsinnig macht. Aber hier begegnen wir dem ernsten Einwand, daß Verzicht auf die Androhung des nuklearen ersten Einsatzes Krieg wieder führbar erscheinen lassen könnte. Man kann argumentieren, daß gerade die Unausdenkbarkeit und die Unkalkulierbarkeit des Abgrundes vor Krieg abgeschreckt hat, und fürchten: Wer den Schrecken wegnimmt, macht den nur konventionellen Krieg wieder möglich. Bei der hohen Bevölkerungsdichte, bei der hoch anfälligen Entwicklung unserer Zivilisation, bei Feuerkraft und Präzision modern ausgerüsteter Verbände, wäre ein konventioneller Krieg im Zentrum Europas schrecklich, lähmend und unakzeptabel. Bei der Enge des Raums ist es geradezu ein Alptraum, sich vorzustellen, daß sich im wesentlichen auf unserem Boden über Wochen und Monate elektronisch gelenkte Zerstörungsmaschinerien von hundert oder hundertzwanzig Divisionen austoben würden, in der Gewißheit, daß die Territorien der beiden Supermächte unangetastet bleiben. Es könnte die perfekte Abkoppelung werden.

Die nüchterne Analyse scheint Europa nur vor Alternativen zu stellen, die unterschiedlich unannehmbar sind. Wer für die Völker und Staaten Europas einen neuen Ansatz der gemeinsamen Sicherheit sucht, muß von den Realitäten ausgehen: Es gibt vier Atommächte in Europa, zwei unterschiedliche Bündnisse und unterschiedliche konventionelle und nukleare Streitkräfte. Es wäre wirklichkeitsfremd, von den Atommächten ihre eigene atomare Entwaffnung zu verlangen. Das atomwaffen-freie Europa ist eine Illusion. Keine einstimmig angenommene Resolution wird die vier Atommächte dazu bringen, ihre Atomwaffen abzuschaffen.

Es gibt eine zweite Realität: Die Atomwaffenstaaten entscheiden über den Einsatz ihrer Atomwaffen nur in eigener Verantwortung, die sie nicht teilen, weil niemand die Entscheidung über die eigene Existenz mit einem anderen teilt, jedenfalls kein Nuklear-Staat. Für Nicht-Nuklearstaaten gilt das nicht. Wenn Atomstaaten entscheiden, entscheiden sie über unsere Existenz; wir niemals über ihre. Ich habe im vorigen Jahr in Berlin formuliert: »Nicht wir, sondern andere treffen Entscheidungen über unsere Existenz. Unsere Hoffnung ist: In dieser Lage sind wir Deutschen nicht allein. Wir teilen sie mit allen Staaten Europas, die nicht über Atomwaffen verfügen. Alle Nicht-Atomwaffenstaaten haben das gemeinsame Interesse, nicht Geisel zu werden, über die verfügt wird, und dennoch gleichzeitig die Bündnisse der Stabilität zu sichern.« In dem Buch *Was wird aus den Deutschen?* habe ich im Zusammenhang darzulegen versucht, daß sich alle nichtatomaren Staaten, auf beiden Seiten und in beiden Bündnissen in der gleichen Situation sehen. Keiner dieser Staaten kann existentielle Entscheidungen über die Atomstaaten treffen. Diese Ungleichheit ist nicht zu beseitigen. Sie ist ein destabilisierender Faktor der Bündnisse, die wir brauchen, weil niemand aussteigen kann; denn wenn das Dach der europäischen Sicherheit in Brand geriete, nützte kein Rückzug in neutrale Ecken.

Unter dem Gesichtspunkt der gemeinsamen Sicherheit ergibt sich folgender Vorschlag:

1. Alle Atomwaffen werden aus den Staaten in Europa abgezogen, die nicht über sie verfügen.
2. Auf dem Gebiet der konventionellen Streitkräfte wird ein annäherndes Gleichgewicht zwischen Nato und Warschauer Vertrag hergestellt.
3. Die beiden Bündnisse mit ihren Verpflichtungen und Garantien bleiben unverändert.

Zu 1: Europa wird damit nicht atomwaffenfrei. Die Atomwaffen bleiben bei den vier Staaten, die über sie verfügen. Es entsteht eine atomwaffenfreie Zone, bedroht oder unter dem Schutz von Atommächten, die über Waffen unterschiedlicher Reichweite verfügen, die sie im Falle eines Konfliktes einsetzen könnten. Aber die Gefahr einer Eskalation wäre vermindert: Wo keine gefährlichen Ziele sind, wird der Einsatz gefährlicher Waffen unnötig. Die gesamte Diskussion über die Begrenzbarkeit von Kriegen, die Senkung der atomaren Schwelle, wäre gegenstandslos.

Zu 2: Eine atomwaffenfreie Zone in Europa verlangt, daß die konventionellen Streitkräfte in einem Gleichgewicht sind, also jede Überlegenheit beseitigt wird, gegen die zur Zeit nukleare Waffen für erforderlich gehalten werden. Ohne die Bereitschaft zum konventionellen Gleichgewicht ist eine atomwaffenfreie Zone in Europa nicht realistisch, da keine Seite einen Vorteil gegenüber den anderen haben darf.

Zu 3: Im Interesse der Stabilität und Sicherheit bleiben die Bündnisse unentbehrlich. Ihr Prinzip, die Verletzung der Grenzen eines Partners als eine Verletzung der Sicherheit aller zu betrachten, entspricht auch der Idee der gemeinsamen Sicherheit. Gemeinsame Sicherheit ist nur mit den Bündnissen und mit ihren Führungsmächten und nicht gegen oder ohne sie zu erreichen. Außerdem genießen die neutralen Staaten Europas die Stabilität, die durch die Bündnisse garantiert wird.

Eine solche Überlegung muß zuallererst unter dem Gesichtspunkt der Interessen überprüft werden. Von den beiden Supermächten her könnte sich die Frage ergeben, ob eine solche Regelung nicht zu einer Teilung des Risikos führte, weil die Möglichkeit eines atomaren Schlagabtausches allein zwischen ihnen größer werden könnte. Aber zunächst einmal haben sie ja dafür SALT oder START; außerdem bleibt das Risiko der atomwaffenfreien Staaten aufgrund ihrer geographischen Lage, das heißt ihr unmittelbares Risiko, durch die zerstörerische Kraft moderner konventioneller Waffen.

Zum anderen müssen alle Atomare wie Nicht-Atomare die Möglichkeit sehen, daß im Falle eines Krieges schließlich doch Atomwaffen von außen auf Europa gerichtet und benutzt werden. Davor darf niemand die Augen verschließen. Aus der Sicht der nichtnuklearen europäischen Staaten wäre zu fragen, was sie denn davon hätten, wenn sie im Ernstfall doch durch nukleare Waffen bedroht wären. Die Antwort ist, daß die Atommächte, mindestens die USA und die Sowjetunion, auch heute schon nicht nur fast jeden Punkt auf allen Kontinenten durch ihre Raketen erreichen können, sondern im Konfliktfalle natürlich auch jetzt die Option haben, strategisch hier gar nicht stationierte Atomwaffen zu benutzen. Der Unterschied zu heute wäre, daß es keine Ziele gäbe, die den Atomschlag auf sich ziehen. Aber alle müssen sich klarmachen: Es gibt keine gemeinsame

Sicherheit, die auf den atomaren Schirm verzichten kann, der gleichzeitig die atomare Bedrohung ist. Es ist Futurologie, an einen Zustand zu denken, in dem atomare Waffen abgeschafft sind, sosehr dies ein Ziel bleibt, das erst erreichbar werden kann, wenn die Doktrin der gemeinsamen Sicherheit sich etabliert, bewährt und die Abschreckung ersetzt hat.

Die Aufgabe kleiner Nuklearwaffen könnte auch endlich die Lösung eines Problems bringen, die alle Nichtnuklearstaaten vor den Vereinten Nationen, die Bundesregierung eingeschlossen, seit langem gefordert haben und im nächsten Monat wieder fordern werden, den umfassenden Versuchsstopp. Vor fast genau 25 Jahren hat der Deutsche Bundestag sich einmütig dafür ausgesprochen, weitere atomare Versuchsexplosionen einzustellen. Schon damals sagte man zu Recht, daß die angesammelten Zerstörungspotentiale ausreichen. Heute verfügen Frankreich und England etwa über die gleichen atomaren Explosivkräfte wie damals Amerika und die Sowjetunion. In all diesen Jahren haben die Atommächte immer neue Entschuldigungen gefunden, um den vereinten Willen der Nicht-Atomstaaten auszuweichen. Sie brauchen immer noch ein paar Versuchsexplosionen, jetzt im Zehn-Kilo-Tonnen-Bereich und darunter, um immer kleinere Sprengsätze zu entwickeln, die unausweichlich den Schrecken vor ihnen verkleinern. Es könnte sein, daß die Atommächte erst dann die Kraft finden, den umfassenden Teststoppvertrag (CTB) abzuschließen, wenn die nichtatomaren Staaten ihnen verweigern, die Ergebnisse ihrer Forschung bei sich zu stationieren.

Die nuklearen Staaten haben die Verpflichtung zur Reduktion der atomaren Waffenrüstung aus Art. 6 seit mehr als zwölf Jahren nicht erfüllt. Sie können sich nicht wundern, wenn das auf seiten der nichtnuklearen Staaten Folgen haben wird. Nicht nur, was die Globalität des Nicht-Verbreitungsvertrages angeht. Solange die Signale nicht auf strategische Abrüstung gestellt sind, und zwar durch mehr als die Erklärungen guten Willens, die wir lange genug gehört haben, ohne daß Taten folgten, werden die nichtatomaren Staaten gedrängt, sich auf ihr einziges Mittel zu besinnen, das sie in diesem Zusammenhang haben, nämlich das: Sie können darüber entscheiden, ob Atomwaffen auf ihrem Boden stationiert werden oder nicht. Dies ist der einzige Punkt, auf dem die Nichtnuklearstaaten souverän sind.

Doch noch ein weiteres Mal ist nach den Interessen in diesem

Zusammenhang zu fragen: Es kann kein Zweifel sein, daß Amerika niemals zulassen würde, daß Europa unversehrt in die Hände der Sowjetunion fällt. Man kann auch sicher sein, daß die Sowjetunion dies weiß. Die Abschreckung bliebe erhalten. Es gibt eben doch keine Abkoppelung, wenn konventionelles Gleichgewicht hergestellt wird und das Bündnis gilt.

Eine Regelung – keine Atomwaffen in Nicht-Atomwaffenstaaten – würde nur bedeuten, daß die Staaten des Bündnisses, auf deren Boden sie heute stationiert sind, in denselben Zustand und unter denselben Schutz kämen wie diejenigen Bündnisstaaten, die die Stationierung von Atomwaffen auf ihrem Boden in Friedenszeiten abgelehnt haben, wie zum Beispiel Norwegen und Dänemark.

Das amerikanische Argument könnte sein, daß man die amerikanischen Truppen nicht ohne die Fähigkeit, sich taktisch nuklear verteidigen zu können, lassen will. Aber hierauf wäre zu antworten, daß die amerikanischen Truppen dann nur unter demselben Risiko und unter denselben Bedingungen zu kämpfen hätten wie die Deutschen und alle anderen. Ihr Risiko wäre nicht größer als das unsere. Was die Sicherheitsstruktur angeht, wären die nichtatomaren Partner des Bündnisses in einer vergleichbaren Lage, wie Amerikaner, Franzosen und Engländer es in West-Berlin sind: Das Risiko für die Angegriffenen ist gleich; das Risiko für den Angreifer bleibt zuletzt unkalkulierbar, also zu groß. Und das funktioniert in Berlin, es würde für West-Europa erst recht funktionieren.

Präsident Reagan hat seine jüngsten Abrüstungsvorschläge auch damit begründet, daß die zerstörerischsten und destabilisierendsten Waffen, die Interkontinental-Raketen, nicht zu Fehlkalkulationen Anlaß geben dürfen. Er sucht also interkontinentale Berechenbarkeit als Basis der Stabilität und Sicherheit. Für Europa haben wir das Gegenteil, die bewußte Unsicherheit der Region im Rahmen der Triade. Aber natürlich muß Europa nach gleicher Sicherheit vor Fehlkalkulationen streben. Nukleare Freiheit für Nicht-Nuklearstaaten würde dem Rechnung tragen, ohne die alte Drohung wegzunehmen, wie sie zwischen den beiden Supermächten besteht.

Es gibt übrigens eine Entwicklung der Waffentechnik, die ermöglicht, zwischen die taktische und die strategische eine weitere Stufe zu schieben. Beide Seiten verfügen über Untersee-Boote, deren Raketen den Gegner erreichen, ohne vom eigenen Territorium aus abgeschossen zu sein. Die Verfeinerung und Erweiterung dieses

Potentials durch seegestützte Marschflugkörper (Cruise Missiles) wird zunehmend ein Faktor, der unterhalb der interkontinentalen Ebene ein neues Gleichgewicht zu schaffen sucht, das dadurch gekennzeichnet ist, den Zeitfaktor, in dem beide Seiten verwundbar werden, annähernd vergleichbar zu machen. Gerade wenn diese Entwicklung weitergeht, ist also der Verzicht auf die taktisch-nukleare Ebene keineswegs gleichbedeutend mit dem übergangslosen Sprung auf die interkontinentale.

Wenn START funktioniert, also Fehlkalkulationen nach menschlichem Ermessen unmöglich werden, so ist das theoretisch die Abkoppelung von oben, genauso, wie es theoretisch die Abkoppelung von unten wäre, wenn man sich allein auf ein konventionelles selbsttragendes Gleichgewicht stützen wollte. Das ist der Grund, weshalb die eurostrategischen Mittelstreckenwaffen in ein Gleichgewicht gebracht werden sollen, das ebenso Fehlkalkulationen ausschließt. Theoretisch ließen sich weitere Gleichgewichte denken: der Kurzstreckenraketen, dann der taktischen atomaren Schlachtfeldwaffen, ehe wir zu den konventionellen kommen. Dem gesunden Menschenverstand hält das alles nicht stand. Je kürzer die Flugzeiten und die Vorwarnzeiten werden, um so größer werden die Gefahren, Opfer technischer Fehler oder Irrtümer zu werden, auf die Menschen reagieren müssen, weil und wie es ihnen ihre Instrumente sagen.

Weitere Punkte unterschiedlicher Auffassungen im Bündnis könnten zu den Akten geschrieben werden: Ob es nicht eine Prämie für denjenigen geben könnte, der glaubt, anfangen zu müssen; ob unmittelbarere Gefahr nicht vom ersten, sondern vom frühen Gebrauch der kleinen, vorn stationierten Waffen ausgeht? Letzteres ist ein Punkt, dem der Bericht der Palme-Kommission besondere Aufmerksamkeit zuwendet.

Das Prinzip also, keine Atomwaffen in Nicht-Atomwaffenstaaten, würde das Bündnis erleichtern, also festigen. Es ist einfach zu verhandeln, es ist leicht zu verifizieren.

Es blieben die Stufen der landgestützten eurostrategischen Raketen in Großbritannien, Frankreich und der Sowjetunion, der seegestützten strategischen Raketen der vier Atomstaaten unterhalb der interkontinentalen Ebene. Daß diese Ebenen in ein stabiles, von Fehlkalkulationen freies Gleichgewicht gebracht werden durch die vier Atomstaaten selbst, können die Nicht-Atomstaaten den atomaren Staaten durchaus überlassen. Denn es liegt im gemeinsamen Interesse, den scheinbaren Widerspruch zu erhalten, mit dem wir leben müssen. Den Atomkrieg verhindern, aber doch zu ihm fähig zu sein. Das ist der atomare Schirm. Er bleibt.

Ein anderes Moment ist interessant. Wir sind heute mit der verhandlungstechnischen Schwierigkeit konfrontiert, daß Genf dafür sorgen muß, daß nicht ein neues Rennen bei Raketen kurzer Reichweite beginne, während man über die längere Reichweite verhandelt. Wenn die taktischen Atomwaffen unverhandelt blieben, können die Bemühungen zur ausgewogenen Truppenreduktion in Wien zur Kosmetik werden. Mit anderen Worten: Eigentlich hängt alles zusammen. Nichts ist ohne Berücksichtigung des anderen regelbar. Verhandlungstechnisch würde das Prinzip Atomwaffenfreiheit für nicht-atomare Staaten die Überschaubarkeit der beiden Verhandlungseinheiten bringen – atomar und konventionell. Die Verhandlungsmaterie für Wien würde sich natürlich erweitern.

Ich möchte wiederholen: Man darf nicht die bestehenden Instrumente weggeben, solange man über neue nur redet, aber sie nicht hat. Das heißt, Genf und Wien und die neuen Verhandlungen zur Reduktion strategischer Waffen müssen ihre Chance behalten. Nichts ist zu modifizieren, was darüber grundsätzlich gesagt wurde.

Aber wir müssen eine Perspektive öffnen, die endlich wieder politisches Denken dem militärischen überordnet, die Sachzwänge berücksichtigt, ohne sich ihnen zu unterwerfen, die uns aus der bedrückenden Welt kleiner taktischer Vorteile entläßt, die Europa endlich wieder seine natürliche Kraft gibt. Wir müssen aus der Verkrampfung heraus, mit der wir so lange an alten Strategien festhalten, bis die Arme lahm werden. Unvoreingenommen nachzudenken verlangt natürlich, sich korrigieren zu lassen durch bessere Ideen und jeden relevanten Einwand zu prüfen.

Zuletzt ist zu fragen: Atomwaffenfreiheit für Staaten des Nichtverbreitungsvertrages – wem würde das schaden? Ich sehe niemanden und keinen Staat. Eine solche Regelung würde die politische Atmosphäre in der Welt positiv verändern, die Gefahr eines Kollisionskurses bedeutend verringern. Schon die Absicht, über eine derartige Regelung zu verhandeln, würde der Welt neue Hoffnung geben, sie würde uns allen gemeinsam mehr Sicherheit geben. Und was eigentlich wollen wir mehr?

Entspannung ist unsere einzige Chance
(1982)

In Vietnam hatte Amerika zu lernen, einen Krieg zu verlieren und mit Schuld zu leben; Nixon war aus dem Amt gejagt worden. Reagan setzte die größte Rüstungswelle in Gang, die es im Frieden gab. Die Deutschen standen vor der Möglichkeit, ihre entsprechenden Interessen gegen den wichtigsten Verbündeten behaupten zu müssen. In Bonn war Helmut Kohl Kanzler geworden. Die Uhr des Doppelabschlusses tickte: Wenn bis Ende 1983 kein Verhandlungserfolg erreicht wird, steht die Stationierung neuer Mittelstreckenraketen zur Entscheidung.

Das war der Hintergrund für die Rede in Berlin, zehn Jahre nach Abschluß des Grundlagenvertrages.

I.

In unserem elektronischen Zeitalter hat sich ein Sprachgebrauch eingebürgert, der für westliches Denken und die Gefahren, in denen sich unsere Welt befindet, enthüllend ist. Wir unterscheiden zwischen »Software« und »Hardware«. Hardware, das sind die Apparate, die man unbedingt braucht, unabhängig davon, was man in sie einfüttert. Die Hardware ist das Instrumentarium, ohne das es nicht geht. Die Software ist der Inhalt. Wir sind geneigt, von den Computern Lösungen zu erhoffen, obwohl wir eigentlich wissen, daß sie nichts geben können, was nicht vorher in sie hineingegeben worden ist. Anders als im asiatischen Denken wird »hart« positiver gesehen als »weich« und gern mit Stärke, »weich« mit Schwäche gleichgesetzt.

Rüstung ist die Hardware. Entspannung ist die Software. Das eine ist das Instrument, das andere der Inhalt. Wir sind in der Gefahr, Instrument mit Inhalt zu verwechseln, mindestens die Rüstung für wichtiger zu halten als die Entspannung, um Sicherheit zu erlangen. In Wirklichkeit sind die Instrumente, die Computer, die Waffen sinnlos oder gar gefährlich, Grundstoff für Schrott bestenfalls, solange nicht Inhalt, Sinn und politischer Wille dominieren.

Es ist nötig, sich auf den Gehalt der Entspannungspolitik zu besinnen, warum sie steckengeblieben ist, ob sie wiederbelebt werden soll und kann, und welche Perspektiven sich für unsere Interessen daraus ergeben. Und wenn ich unsere Interessen sage, so sehe ich uns in Berlin und in Deutschland als einen Teil Europas, eines kleinen, aber wichtigen Kontinents.

Die westliche Politik der Stärke hatte nicht verhindern können, daß die Sowjetunion zur Supermacht wurde, daß sich zu Beginn der sechziger Jahre ein atomares Patt ergab. Zum ersten Mal in ihrer Geschichte sah sich die Menschheit mit der Möglichkeit konfrontiert, sich auszulöschen. In einem großen atomaren Krieg könnte niemand mehr auf Sieg hoffen. Das war der Zwang zur Koexistenz. Der amerikanische Präsident Kennedy entwickelte seine »Strategie des Friedens«, nach der kommunistische Herrschaft nicht beseitigt, sondern verändert werden sollte. Mit den Ländern Osteuropas sollte so viel Handel entwickelt werden, wie es möglich ist, ohne unsere Sicherheit zu gefährden, also das Gegenteil von Boykott, Bestrafung oder Sanktion.

Der Zwang der Koexistenz war der Titel dreier Vorlesungen, die der damalige Regierende Bürgermeister in Harvard hielt. Er formulierte: »Kleine Schritte sind besser als große Worte« und zog damit eine Konsequenz, sehr hart, obwohl als »weich« beargwöhnt, in dem von ihm beeinflußbaren kleinen Rahmen. Passierscheine machten die Mauer durchlässig, die niemand beseitigen konnte. Was hier im kleinen geprobt, geschah im großen mit dem Teststoppabkommen: Man begann im Westen Folgerungen daraus zu ziehen, daß man der anderen Seite den eigenen Willen nicht aufzwingen könnte, sondern sich im gegenseitigen Interesse miteinander arrangieren müsse. Die Politik der Entspannung begann. Sie wurde als politischer Prozeß definiert, ohne grundsätzliche Kräfteverschiebungen, ohne Aufgabe von Grundsatz- oder Rechtspositionen, der immer wachsende Teilbereiche regeln wollte in der Absicht, über ein friedliches Nebeneinander zu einem begrenzten Miteinander zu kommen.

Die Priorität zur Verhinderung eines Kernwaffenkrieges oder eines begrenzten Konfliktes aus Versehen ließ über dem »Gleichgewicht des Schreckens« erste Konturen einer globalen Atomsicherheit entstehen. Die beiden Bündnissysteme Nato und Warschauer Vertrag, zur gegenseitigen Abwehr gebildet, sollten zusätzlich den Charakter von Entspannungsfaktoren erhalten. Neben die

Sicherheit durch Verteidigung sollte zunehmend Sicherheit durch Vereinbarung treten, neben die Sicherheit durch die Bündnisse bündnisüberwölbende Vereinbarungen. Potientiell wurden amerikanisch-sowjetische Absprachen wichtiger als die Nato und der Warschauer Vertrag. Was einige als Komplizentum fürchteten, gab in Wahrheit allen mehr Sicherheit. Der Inhalt, die Software, Sicherheit durch Zusammenarbeit, Entspannung, wurde wichtiger als die Rüstung, die Hardware, die als nichtvernachlässigtes Instrument eingestuft wurde.

Zwanzig Jahre später haben sich die Voraussetzungen nicht verändert, die Anfang der sechziger Jahre zur Entspannungspolitik führten. Im Gegenteil: Die Waffen sind gefährlicher, neue Systeme destabilisierender geworden, und die gegenseitig gesicherte Zerstörung wurde perfektioniert. Die Verwundbarkeit beider Seiten wird größer. Das Fenster der Verwundbarkeit ist für keinen mehr zu schließen. Die Versuche, es dennoch zu tun, sind gefährlich und sinnlos. Würde es einem gelingen, könnte er in Versuchung kommen, das eigene kalkulierbare Risiko benutzen zu wollen. Es gibt nicht nur keine Überlegenheit mehr, die militärisch anwendbar würde, es ist nicht zu wünschen, daß sie noch einmal entsteht.

Global ist die Entspannung heute wie vor zwanzig Jahren die einzige Perspektive des Überlebens.

II.

Anfang der sechziger Jahre stellte sich die Frage, was denn die Deutschen tun könnten, damit sich nicht Entspannung um uns herum entwickelt, und wir in der Isolierung des kalten Krieges zurückbleiben. Es wird im allgemeinen übersehen, daß der Ausgangspunkt damals nicht die flammende Überzeugung gewesen ist, nun endlich die zündende Idee für die Lösung unserer Probleme gefunden zu haben. Wandel durch Annäherung, das war der Versuch, eine Tugend aus der Not zu machen, daß der Status quo, die Teilung mit der Mauer, für unabsehbare Zeit bleiben und niemand uns helfen würde, sie zu überwinden. Es war außerdem die Sorge, daß wir zu schwach wären, um uns mit Aussicht auf Erfolg dem globalen Entspannungstrend widersetzen zu können.

Als die Mauer gebaut wurde, konnte niemand daran denken, daß die Bundesrepublik fast auf den Tag neun Jahre später handlungsfähig gegenüber Moskau werden und damit die Voraussetzungen vollenden würde, um unsere Interessen auch im Westen wirksamer vertreten zu können. Anfang der sechziger Jahre gehörte Mut dazu, die Erkenntnis auszusprechen, daß es aussichtslos schien, fordernd abzuwarten, bis wir die deutsche Einheit erhalten, sondern handelnd zu beeinflussen, um die Auswirkung der Spannung zu mildern. Das war nicht gegen die »Zone«, wie man sie damals noch nannte, sondern nur mit ihr möglich. Zwanzig Jahre später entwickelte sich die Einsicht, daß Sicherheit nicht mehr vor, sondern nur noch mit dem politischen Gegner erreichbar ist. Gemeinsame Sicherheit, das ist heute nicht weniger umstritten wie damals die Politik der kleinen Schritte.

Aber das, was später Ostpolitik genannt wurde, hatte neben dem Element der Einpassung in die internationale Entspannung noch ein anderes, »nur-deutsches«, Element. Deutschland hatte keinen Friedensvertrag. Die zunehmende Selbständigkeit der beiden Staaten änderte nichts daran, daß die Vier Mächte peinlich genau darauf achteten, daß ihre ursprünglichen Siegerrechte unangetastet blieben. Was Deutschlandpolitik genannt wird, hat seinen Ursprung noch immer in der bedingungslosen Kapitulation des Deutschen Reiches. Die Einteilung in Besatzungszonen, wie sie 1944 von den beauftragten Botschaftern in London vorgenommen wurde, hat sich als äußerst stabil erwiesen. Brandt und Stoph trafen sich 1970 in Erfurt, einer Stadt, die die Amerikaner erobert und den Russen übergeben hatten, während Berlin, von den Russen erobert und auf gleicher Basis Steitkräften der drei Westmächte übergeben, ein Sondergebiet blieb.

Als wir den Moskauer Vertrag schlossen, hat der sowjetische Außenminister Wert auf die Feststellung gelegt, daß die Rechte der Vier Mächte nicht Verhandlungsgegenstand waren und von dem Vertrag nicht berührt werden. Und als der Außenminister das den drei Westmächten in aller Form mitteilte, hielten diese es für richtig zu formulieren, daß der Moskauer Vertrag diese Rechte, die sich aus dem Ergebnis des Zweiten Weltkriegs herleiten, durch einen zweiseitigen Vertrag zwischen der Bundesrepublik Deutschland und der Sowjetunion, einschließlich des vorliegenden Moskauer Vertrages, nicht berührt werden können. Man muß schon sagen, daß dies eine ziemlich penetrante Form war, uns auf die Fortdauer der alten Besatzungsrechte hinzuweisen.

Als die beiden deutschen Staaten im Ergebnis des Grundlagenvertrages sich um die Mitgliedschaft in den Vereinten Nationen bemühten, hat Bonn in einem Brief an die drei Westmächte, die DDR in einem Brief an die Sowjetunion erklärt, daß die Rechte und Verantwortlichkeit der Vier Mächte und die entsprechenden diesbezüglichen vierseitigen Vereinbarungen, Beschlüsse und Praktiken durch den zwischen der Bundesrepublik Deutschland und der Deutschen Demokratischen Republik abgeschlossenen Grundlagenvertrag nicht berührt werden können. Als Michael Kohl und ich diesen Wortlaut abstimmten, haben wir mehr als einmal gelächelt, weil darin nicht nur die völkerrechtliche Gleichheit im Mangel an Souveränität der beiden deutschen Staaten jenseits aller Propaganda und ungeachtet aller wirklichen Unterschiedlichkeiten zum Ausdruck kam, sondern weil wir hier Freiheit im Schillerschen Sinn praktizierten: Ich will, weil ich muß.

Die Bestätigung der Siegerrechte war der Preis, den beide deutsche Staaten bezahlten für ihren Eintritt in die Vereinten Nationen, in denen die Feindstaatenklauseln für beide Staaten nicht mehr gelten sollten. Man muß sich klarmachen, daß die beiden deutschen Staaten 23 Jahre gebraucht haben, bis sie unter gleichem Recht Mitglied der Vereinten Nationen wurden, wie fast alle jungen Staaten der Dritten Welt unmittelbar nach Abschüttlung des kolonialen Jochs. Gleichzeitig darf nicht übersehen werden, daß damit auch im Grundlagenvertrag die völkerrechtliche Klammer, die aus den Resten der Siegerrechte besteht, erhalten blieb. Daß durch den Grundlagenvertrag die von beiden Staaten früher abgeschlossenen Verträge nicht bestätigt werden, eine Formel, die aus dem Moskauer Vertrag übernommen wurde, bestätigte beide Staaten in ihren Bündnissystemen und sonstigen Bindungen, die sie eingegangen waren, also dem Gemeinsamen Markt oder dem Rat für gegenseitige Wirtschaftshilfe.

Die Entspannungspolitik hat beide deutsche Staaten international von den Relikten des kalten Krieges befreit und sie befähigt, wie alle anderen Staaten der Welt auch in eigener Verantwortung ihre Interessen zu verfolgen. Die einzige Ausnahme ist geblieben, daß die Rechte der Vier Mächte sie in ihrer Souveränität gegeneinander begrenzen. Die beiden deutschen Staaten können ihre Einheit nicht beschließen. Aber dieser Mangel drückt nicht, solange sie das unter den obwaltenden Umständen weder wollen noch wollen können.

Von dieser Ausnahme abgesehen hat der Grundlagenvertrag, in dem es bewußt keine Kündigungsklausel gibt, es in die Fähigkeit der beiden deutschen Staaten gestellt, ihr Verhältnis so weit zu normalisieren, wie ihnen dies angesichts abnormer Gegebenheiten möglich ist. Das Nebeneinander ist organisiert. Wie weit es zu einem Miteinander kommt, liegt an den unmittelbar Beteiligten. Daß sie diese Freiheit gewonnen haben, ist ein Ergebnis der Entspannungspolitik, und zwar der für Deutschland relevanten Variante.

Die beiden Verhandlungsdelegationen hatten sich über zwei Jahre hinweg durchschnittlich alle zehn Tage getroffen; es gibt dafür sogar im internationalen Leben kaum eine Parallele.

An die Stelle des Alleinvertretungsanspruchs trat die Festlegung, daß keiner der beiden Staaten den anderen international vertreten oder in seinem Namen handeln kann, daß beide Staaten die Unabhängigkeit und Selbständigkeit in ihren inneren und äußeren Angelegenheiten respektieren. Der besondere Charakter des innerdeutschen Handels wurde für unbegrenzte Zeit festgelegt, der Weg wurde geöffnet für ein Fülle von Vereinbarungen auf dem Gebiet der Wirtschaft, der Wissenschaft und Technik, des Rechts- und Reiseverkehrs, des Post- und Fernmeldewesens, auf dem Gebiete der Kultur und des Sports. In gemeinsamer Arbeit, die Jahre dauerte, konnten viel Dutzende von scheinbar kleinen Problemen entlang der Grenze von der Ostsee bis zum Böhmerwald geklärt werden, die zu erheblichen Belastungen für viele Bewohner des Grenzgebietes geführt hatten.

Für viele Menschen wurde die Möglichkeit der Familienzusammenführung der wichtigste Punkt. Vier weitere Grenzübergänge für den Personenverkehr wurden eröffnet, Besuchsmöglichkeiten im grenznahen Verkehr für 6,5 Millionen Einwohner der Bundesrepublik geschaffen, dazu die Möglichkeit von Tagesaufenthalten und Besuchen zu touristischen Zwecken und weniger, aber immerhin, Erleichterungen für den Besuch in dringenden Familienangelegenheiten von Ost nach West. Unmöglich, in diesem Rahmen alles aufzuzählen.

Da die Deutsche Demokratische Republik für uns kein Ausland ist, wurden Ständige Vertretungen und nicht Botschaften errichtet. Staatsangehörigkeitsfragen wurden nicht geregelt: Die Rechtslage, wie sie sich durch das Grundgesetz ergibt, verbot es, dem Wunsch der DDR nachzukommen, ihre eigene Staatsangehörigkeit anzuerkennen. Daß umgekehrt die Bundesrepublik keinen Anspruch geltend machte, Bewohner der DDR staatlichen Pflichten zu unterwerfen, ergab trotz der unterschiedlichen Rechtsauffassungen in der Praxis kaum Schwierigkeiten. Der Vertrag verschweigt nicht, daß es in grundsätzlichen Fragen unüberbrückbare unterschiedliche Auffassungen gibt. Niemand tut so, als könne er den anderen zwingen, Überzeugungen aufzugeben.

Ich habe diese Zusammenfassung gegeben, weil wir uns in zehn Jahren daran gewöhnt haben, das Erreichte als selbstverständlich zu nehmen und uns ausschließlich mit dem Nichterreichten zu beschäftigen oder über Rückschläge zu erregen, die das oft auch verdienen. In der Rückschau hat sich der Grundlagenvertrag bewährt; ich sehe bis heute weder einen Fehler, den wir gemacht, noch ein Versäumnis, das wir damals hätten ausfüllen können. Wolfgang Mischnick hat zum 10. Jahrestag des Grundlagenvertrages gefragt, warum sich völlig problemfrei darstellen sollte, was »20 Jahre in die falsche Richtung gelenkt wurde«. Zu den Enttäuschungen gehört, daß von den Möglichkeiten der Besuche nicht der erwartete Gebrauch gemacht wurde. Es bildeten sich keine Schlangen, die weitere Übergänge erfordert hätten. Dennoch stiegen die Besucherzahlen in einem Maße, das die DDR 1980 zur Verdoppelung des Mindestumtausches veranlaßte, was den Absichten des Grundlagenvertrages zuwiderlief. Die Bemühungen Helmut Schmidts bei seinem Treffen mit Erich Honecker am Werbellinsee im vorigen Jahr, das zu korrigieren und zu einer weiteren Phase der Normalisierung zu führen, konnten bis zum Ende der sozialliberalen Koalition nicht mehr zu einem Erfolg geführt werden. Wenn die neue Bundesregierung sich darum wie um weitere Normalisierung bemüht, verdient sie Unterstützung.

III.

Bis zum letzten Augenblick der Verhandlung zum Grundlagenvertrag blieb der Kern umstritten, in dem sich Teilung und Selbstverständnis der beiden deutschen Staaten finden: die Nation. Während die Bundesrepublik die Einheit durch freie Wahlen, also praktisch durch Anschluß der sowjetisch besetzten Zone ohne jeden Kontakt mit dem dortigen Regime herstellen wollte, hatte die DDR umgekehrt eine Art von Offensiv-Strategie zur »Rettung der nationalen Einheit Deutschlands« entwickelt. »Deutsche an einen Tisch« war eine Forderung, die um so leichter erhoben werden konnte, je sicherer Ost-Berlin war, daß Bonn sie ablehnte und sogar die Annahme von Briefen verweigerte. Bonn lehnte auch die Konföderationsvorschläge ab, die die DDR machte, bevor sie, nach dem Freundschaftsvertrag mit der Sowjetunion 1964, zur Haltung von der »Koexistenz zweier voneinander unabhängiger Staaten« überging.

Der Streit, ob Chancen versäumt wurden, ist gegenstandslos geworden. Die DDR entwickelte ihre Theorie von der »sozialistischen« Nation und fügte 1981 die Perspektive der Vereinigung beider deutscher Staaten zu einem sozialistischen Deutschland hinzu. Man kann sagen: die DDR konnte dem Problem der Nation in all den Jahren seit 1945 nicht entfliehen. 1972 war es ein Erfolg, ebenso wie eine objektive Beschreibung der Wirklichkeit, die sich seither nicht verändert hat und in der überschaubaren Zukunft nicht verändern wird, daß die DDR der Formulierung in der Präambel des Grundlagenvertrages zustimmte, nach der es die nationale Frage gibt, über die beide Staaten unterschiedliche Auffassungen haben. Die Geschichte wird darüber entscheiden.

Nun hat der Regierende Bürgermeister Richard von Weizsäcker in der Debatte zur Lage der Nation am 9. September dieses Jahres eine bemerkenswerte Rede gehalten, die ihm Beifall von allen Seiten des Hauses eingetragen hat. Ihr Kern war der zweimal wiederholte Satz: »Die Mitte kann auf die Dauer nicht Grenze bleiben.« Das ist natürlich weit entfernt von jener früheren Überzeugung, daß der Friede nicht erhalten bleiben könnte, wenn Deutschland geteilt bleibt, aber im Kern zeigt es dasselbe Denken, nämlich die Vorstellung, daß wir in der Mitte Europas die Mitte schlechthin sind, um die sich das weltpolitische Geschehen dreht. Das ist nicht so. Amerika und die Sowjetunion, das sind die wirklichen Potentiale, die ihren Einfluß bis in die Mitte Europas vorgeschoben haben, mit atomaren Waffensystemen, über die die Mitte weder verfügt noch entscheidet.

Solange die Gegensätze zwischen Ost und West nicht aufgehoben werden, solange es die zentrale Aufgabe bleibt, Krieg zu verhindern, muß man geradezu das Gegenteil dessen sagen, was Herr von Weizsäcker erklärt hat: Nur wenn die Mitte Grenze bleibt, wird die Katastrophe verhindert werden. Der Konflikt würde die Grenze aufheben, bis zur Unkenntlichkeit atomisieren und die Mitte zerstören. Natürlich denkt Herr von Weizsäcker nicht diese Konsequenz, weil er weiß, wie wir alle, daß seit 1945, also seit mehr als 37 Jahren, eingetreten ist, was sich damals niemand vorstellen konnte, nämlich die Teilung. Es bedarf wohl nicht mehr so großer Phantasie wie damals, um sich heute vorzustellen, daß auch weitere 37 Jahre die Mitte Grenze bleiben kann. Wir werden dann das Jahr 2019 schreiben. Und wenn wir das erreichen, mit der Grenze in der Mitte, dann werden wir uns glücklich zu preisen haben, weil die Weisheit der Staatsmänner der Welt ausgereicht haben wird, die Gefahren des Untergangs zu vermeiden, die zu Beginn der achtziger Jahre so unübersehbar und so schwer beherrschbar da waren, wie sie es heute sind.

Das heißt, nicht die Aufgabe unseres Ziels, aber daß die Mitte auf Dauer nicht Grenze bleiben darf, ist eine Beschwörung, eine Hoffnung darauf, daß uns die Chance der Geschichte erhalten bleibt. Sie wird uns nur erhalten bleiben, wenn die beiden deutschen Staaten sich auf eine nicht begrenzte Zeit einrichten, wie es der Grundlagenvertrag vorsieht. Wenn sie nicht nur in den äußeren Formen lernen, miteinander umzugehen, sondern die Menschen ebenso wie ihre Regierungen verstehen, daß ihre Zukunft in der Gemeinsamkeit mit allen anderen Staaten in Ost- und Westeuropa liegt, Krieg zu verhindern.

Deutschlandpolitik ist zu der Aufgabe geworden, wie zwei deutsche Staaten für den Frieden in Europa arbeiten können.

Der Grundlagenvertrag hat nicht verschwiegen, daß es auch in anderen wichtigen Fragen grundsätzliche Meinungsunterschiede gibt und geben wird. Wir sprechen über die Ideologie. Aber sie wie die Nation dem friedlichen Nebeneinander unterzuordnen, das war Ergebnis und Konsequenz der Entspannungspolitik, seit sie als Strategie des Friedens von Kennedy definiert worden war. Die Entspannungspolitik verlangt nicht die Liebe zu Kommunisten, sondern die Liebe zum Frieden. Der entscheidende Einwand gegen die Entspannung hat sich in den letzten Jahren durch die Neokonservativen ergeben. Wer über sie spricht, kann den Empfehlungen der deutschen Konservativen folgen, die vor einer Äquidistanz zu Amerika und der Sowjetunion warnen; denn wir können uns ausschließlich den amerikanischen Freunden zuwenden. Neokonservatives Denken ist ein Erzeugnis, made in USA wie Coca-Cola, mit der Chance, daß es auch weltweit gebraut und getrunken wird, aber hoffentlich und voraussichtlich nicht mit der Chance, ein solcher »Dauerrenner« zu sein, sondern eine Mode zu bleiben.

Sosehr die amerikanische Tendenz zu verstehen ist, nach dem Schock von Watergate, dem verlorenen Vietnam-Krieg und der tieferlebten Demütigung durch den Iran, nach Wiederbelebung der alten Ideale, nach moralfundierter Haltung zu rufen, so bedenklich ist jedenfalls außenpolitisch ein Ergebnis, das auf der einen Seite den Anspruch auf Überlegenheit erhebt und gleichzeitig von der tiefen Überzeugung getragen wird, daß man dazu nicht nur das Recht habe, sondern im Besitz des Guten schlechthin sei. Die bekannten Aussprüche Reagans und Weinbergers, wonach der Sowjetunion Lug und Trug recht seien und man schon gewissermaßen deshalb gottgefällig handele, wenn man ihren Zusammenbruch betreibe und dafür sorge, daß sich der Kommunismus mit einem Winseln aus der Weltgeschichte verabschiede, das ist ideologisches Denken.

Es ist einfach, gestattet die Schwarzweiß-Zeichnung, gefällt sich in der Geborgenheit eines geschlossenen Systems, ist also als Antwort auf die gesellschaftliche Pluralität und Permissivität der Gesellschaft verständlich, findet es leicht, zwischen Freund und Feind zu unterscheiden, und ist natürlich angelegt auf Gewinnen, auf Sieg, auf den Sieg über das Böse, auf den Sieg über den Kommunismus. Das Ganze ist nicht wirklich neu. Wir hatten es schon im Mittelalter. Es ist die gleiche Haltung, in der es möglich war, Hexen zu verbrennen, mit dem Gefühl, etwas Gutes zu tun, obwohl wir inzwischen bezweifeln, daß es Hexen gibt. Es ist das Gegenteil der Vorstellung der amerikanischen Bischöfe, auch im Gegner den Menschen als Ebenbild Gottes zu sehen. Wir hatten gehofft, daß dieses Denken aus der Geschichte verschwinden könnte, und müssen erkennen, daß der eigentliche politische Kampf noch bevorsteht. Denn anders als im Mittelalter oder bei der Vernichtung von Indianern, »dekadenten« Franzosen, Juden und anderen »Untermenschen«, Schwarzen oder Palästinensern, kann man sich den makaberen Luxus des alten Denkens nur noch leisten, wo die Gefahr nicht besteht, durch die Entfesselung des Atomkrieges den Untergang der Menschheit zu riskieren.

Es ist natürlich kein Zufall, daß die Politik der Entspannung, wie sie durch die sozialliberale Koalition seit 1969 gemacht worden ist, etwas ganz anderes gewollt und erreicht hat. Diese Politik hat erreicht, daß die Ideologie eben nicht mehr an der ersten Stelle der Auseinandersetzung steht. Wir haben als Ergebnis unserer Erfahrungen aus den fünfziger Jahren und bis zum Bau der Mauer erkannt, daß die Deklaration selbst berechtigter Ansprüche allein nicht hilft. Der Glaubenskampf, den wir in Deutschland gegen die

Kommunisten wahrlich geführt haben, bis hin zu jener heute wahnwitzig anmutenden Haltung, die Adenauer in die Formulierung gegossen hat, daß es ohne deutsche Einheit keinen Frieden gäbe, hat gelehrt, daß das Gegenteil richtig ist. Kein Ziel kann erreicht werden, wenn es keinen Frieden gibt. Der ideologische Kreuzzug bis zum Sieg über den anderen, notfalls mit dem Einsatz von Gewalt, ist im Atomzeitalter nicht mehr zu vollenden, weil man vor dem Abgrund zurückschreckt.

Der ideologische Krieg oder der kalte Krieg ist bestenfalls ein Umweg, zeitraubend und gefährlich, um zu der Erkenntnis zu gelangen, daß man doch den Frieden sichern, die letzten Konsequenzen nicht wagen kann, Gewaltverzicht dominierend bleibt, Vereinbarungen mit dem Gegner getroffen werden müssen – das heißt, daß man entspannen muß. Priorität ideologischen Denkens war allenfalls im voratomaren Zeitalter möglich. Heute führt es entweder zur Katastrophe oder zur rechtzeitigen Umkehr, oder es wird zu einer leeren Hülse, um Menschen und Völker zu beherrschen und sie geneigter zu machen, zusätzliche Bürden für die Rüstung mit dem zusätzlichen Abbau sozialer Leistungen zu bezahlen.

Natürlich hat auch die sozialliberale Koalition zu keiner Zeit geleugnet, daß ideologische Unterschiede und nicht zu überwindende Differenzen zwischen Kommunismus und Demokratie, nicht zuletzt der Sozialdemokratie, weiter existieren. Aber sie müssen eben untergeordnet werden dem obersten Prinzip des Friedens. Der Friede ist Voraussetzung, um ideologische Unterschiede ohne das Risiko des gemeinsamen Untergangs austragen zu können. Auch Kommunisten sind unentbehrliche Partner des Friedens, damit sie als ideologische Gegner erhalten bleiben, damit die Geschichte entscheiden kann. Ich denke, das wird im Osten auch so gesehen. Wir erkennen kein Ziel, das einen Konflikt wert wäre, die Lösung der deutschen Frage nicht und Freiheit für Polen ebensowenig wie zu einem früheren Zeitpunkt für Ungarn.

Die schrecklichen Aussprüche der ersten Wochen und Monate der Reagan-Administration sind nicht mehr zu hören. Was bleibt, ist schlimm genug. Es ist ein modifiziertes Konzept, darauf angelegt, eine Strategie zum Zusammenbruch der Sowjetunion durchzuführen. Es enthält eine Hochrüstung, die Moskau in eine ähnliche wirtschaftliche Anstrengung zwingen will, und die Gleichzeitigkeit eines

Wirtschafts- und Handelskrieges, der ihr dafür die Mittel möglichst beschneiden will. Getreide zu liefern, das mit harten Devisen bezahlt werden muß, und die Ablehnung einer Erdgas-Linie, durch die Moskau langfristig harte Devisen verdient, oder, nachdem das am Widerstand der Europäer gescheitert ist, Handelsrestriktionen, das ist kein Widerspruch, sondern zeigt ein geschlossenes, durchdachtes Konzept. Es bedeutet den Versuch, die Sowjetunion geographisch, wirtschaftlich und politisch zu zernieren, einzuklammern, einzudämmen und gleichzeitig oppositionelle Tendenzen innerhalb des Blocks, seien es Dissidenten oder Solidarność, zu benutzen, bis zu der Linie, deren Überschreitung den bewaffneten Konflikt, also die eigene Gefährdung, bedeuten könnte. Es darf keine heißen Kriege geben, darin sind sich alle einig, aber der kalte Krieg, der Weg am Rande des Abgrunds, wird begonnen.

Das ist im Prinzip die Absage an das Prinzip der friedlichen Koexistenz. Friedliche Koexistenz, wie sie in Helsinki ihren multinationalen Ausdruck gefunden hat, leugnet nicht die Unterschiede politischer Systeme und ideologischer Auffassungen. Aber sie sagt, daß man zunehmend neue Sektoren gemeinsamer oder ähnlicher Interessen regeln will, um durch Zusammenarbeit den Frieden zu sichern.

Kalte Konfrontation oder Erweiterung der Zusammenarbeit, das ist die Frage zwischen Neokonservativismus und Entspannung. Es ist die Frage zwischen Amerika und Europa.

IV.

Konfrontation führt zweifelsfrei zu einer Zunahme militärischen Denkens, militärischer Prädominanz über politisches Denken. Sie führt damit zu einer Schwächung Europas, zur leichteren Beherrschung der westeuropäischen Länder durch die USA. Die Stärke Europas, Politik und Wirtschaft, muß zurücktreten, wenn die Verteidigung, sprich die Nato, das übergeordnete Element westlicher Politik wird, ganz abgesehen davon, daß einer Revitalisierung des westlichen Blocks sicher eine solche des östlichen folgen würde.

»Freiheit gegen Unfreiheit« wird da zur Disziplinierungskeule, als ob die Verfechter der Entspannung die Freiheit nicht ebenso gesichert hätten und sie im Gegenteil nicht sogar zu Menschen gebracht haben, freilich nur sehr begrenzt, die sie bisher so nicht kannten. Wenn diese Politik sich durchsetzt, kann man den Menschen in der

DDR und in der CSSR, in Polen und sonstwo nur sagen: Laßt alle Hoffnung fahren. Ihr werdet mit dem Verlust dessen, was in den letzten Jahren erreicht wurde, bezahlen müssen für die Rückkehr zu einer Politik, die schon einmal gescheitert ist.

Seit dem 1. Oktober wird die Freiheit zum Frieden vom amtlichen Bonn mit der Monotonie einer Gebetsmühle wiederholt, und damit verbaler Tribut gezollt der Wertegemeinschaft, dem Weißen Haus und der Springer-Presse. In der praktischen Politik hingegen verhalten sich die neuen Leute ganz anders, als sie in der Opposition getönt haben, als sie im Osten den »Angriff gegen den Menschen im sowjetischen Machtbereich« erkannten und so taten, als müsse die Legitimität der Systeme im sowjetischen Machtbereich und die Durchsetzung der Menschenrechte dort operativ zur ersten Priorität befördert werden. Schon in den vergangenen zwei Monaten ist ein Identitätsverlust der CDU/CSU festzustellen. Die Rücknahme des verdoppelten Mindestumtausches ist eben keine Voraussetzung mehr für weitere Verhandlungen. Vor Tisch hörte man es anders.

Doch soll man niemanden tadeln, der früheren Unsinn korrigiert. Aber die Frage bleibt offen, ob die Kontinuität der Außen- und Deutschlandpolitik, die solange angegriffen wurde, nur bis zum 6. März gelten soll, und ob die CDU und CSU dann wieder zu ihrer Identität zurückfinden. Aber dem soll hier nicht nachgegangen werden. Wichtig ist nur: Wer sich dem Konfrontationskurs anschließt, auch wenn dies noch so publikumswirksam unter dem Banner der Freiheit, wenn nicht der Befreiung, geschieht, wird eine entsprechende Antwort aus dem Osten unausweichlich bekommen, den erreichten Raum für die Durchsetzung eigener deutscher Interessen reduzieren, der wird das Gegeneinander statt das Nebeneinander organisieren und uns zum Festlandsdegen der Amerikaner degradieren. Dieser Festlandsdegen wird, immer besser geschliffen, in vollem Glanz strahlen und dennoch in der Scheide bleiben, denn Krieg soll es ja nicht geben.

Schon hat Helmut Schmidt in der vorigen Woche seiner Sorge Ausdruck verliehen, daß die neue Bundesregierung den Druck auf die beiden Seiten, die in Genf am Tisch sitzen, reduziert hat, bis zum Herbst kommenden Jahres zu einem positiven Ergebnis zu kommen, bevor neue Raketen stationiert werden können. Und da dieser Druck jedenfalls auf die Sowjetunion aus Bonn ohne Unterbrechung ausgeübt wurde, ist das nur als Befürchtung vor zu großer Nachgiebigkeit gegenüber den Vereinigten Staaten erklärbar. Schon ist nichts mehr zu hören von der Unterstützung der Blockfreiheit für Länder der Dritten Welt durch Bonn, sondern von der Unterstützung von Freunden mit ähnlichen ordnungspolitischen Vorstellungen, wie das aus Washington zu hören ist. Aber was sich Washington leisten kann, muß sich für uns zum Nachteil auswirken, wenn wir praktisch den Ost-West-Gegensatz nach Süden übertragen. Zu warnen ist vor einer unkritischen Nachgiebigkeit Bonns gegenüber den USA auch aus einem anderen Grunde: Wenn die Bundesrepublik ihren klaren Kurs der Entspannungspolitik aufgäbe, könnte manche Rücksicht im Osten gegenüber Berlin entfallen, das eben nicht als amerikanisch-französisch-britisch betrachtet wird, sondern als ein Punkt, an dem wir zwar keine originären Rechte, aber *vitale* Interessen haben und behalten.

Damit stellt sich natürlich die Frage, welchen Grad von Selbständigkeit die Bundesrepublik wirklich hat. Dabei ist zwischen zwei Gesichtspunkten zu unterscheiden. Der erste ist die Sicherheit. Es gibt keine Sicherheit ohne oder gegen Amerika, und es gehört zu den Erfolgen der sozialliberalen Koalition, auch die sowjetische Anerkennung im Vier-Mächte-Abkommen und in Helsinki dafür erreicht zu haben, daß man Sicherheitsfragen in Europa nicht ohne oder gegen Amerika lösen kann. Unser Ja zum Bündnis ist damit eingeschlossen, obwohl es ein Instrument ist und nicht Ziel deutscher Politik.

V.

Wir sind berechenbare und zuverlässige Verbündete für die Nato, nicht weniger als die DDR zuverlässig im Warschauer Pakt ist. Finnlandisierungs-Sorgen sind gegenstandslos; aber gerade falls es sie in den USA geben sollte, muß die amerikanische Position in Europa und in Berlin um so sicherer und fester sein. Amerika kann weder Berlin noch die Bundesrepublik noch Westeuropa aufgeben oder der Anpassung an Moskau überlassen. Anpassung an Moskau ist für uns ohnehin keine Alternative, zumal wir die objektiven Bedrohungspotentiale im Osten nicht übersehen können.

Der andere Gesichtspunkt ist der unserer Interessen. Die Entspannungspolitik hat uns in die Lage versetzt, mit den Staaten Osteuropas in der gleichen Selbständigkeit verhandeln zu können, wie das unsere Verbündeten schon vorher konnten. Wenn der deutsche Bundeskanzler den Eid schwört, den Nutzen des deutschen Volkes zu mehren und Schaden von ihm abzuwenden, so heißt das als Ergebnis der Entspannungspolitik, daß er unser Gewicht, unseren Kredit, unsere Selbständigkeit, unsere Verantwortung nicht mindern darf, die das Ergebnis der Entspannungspolitik sind. Daran ist seit 10 Jahren jeder Bundeskanzler zu messen.

Unsere Sicherheitsinteressen sind mit denen des Bündnisses im wesentlichen identisch. In einer Reihe politischer und wirtschaftlicher Fragen gibt es zwischen Amerika und Europa unterschiedliche Interessen. Und Europa umfaßt hier Staaten und Völker in beiden Teilen Europas. Sie sind schon deutlich geworden in dem Bestreben, die Ergebnisse der Entspannungspolitik zu bewahren und möglichst zu vermehren – auch in einer Phase zunehmender Gegensätze zwischen den USA und der Sowjetunion. Wir haben uns gefreut, darin einen Erfolg für alle zu sehen, der auch Belastungen standhält, sich also bewährt. Deutsche Interessen sind europäische Interessen. Sie zu wahren und zu mehren erfordert deshalb die Fortsetzung der Entspannungspolitik. Solange die Militarisierung des Denkens anhält, nimmt die Schwäche Europas zu: Solange die internationale Politik vom interkontinentalen Raketenwettlauf beherrscht wird, scheiden die europäischen Staaten aus, und lediglich Großbritannien und Frankreich behaupten eine Sonderposition, stark genug zur Verweigerung, über ihre Atomwaffen verhandeln zu lassen. Neben den Supermächten sind diese beiden europäischen Großmächte, solange das Gewicht von Staaten nach militärischen Potenzen bemessen wird. In dieser Kategorie rangieren alle anderen, also nicht-atomaren Staaten unter »ferner liefen«. Ihr Gewicht, was Ideen, gesellschaftliche Errungenschaften, Kultur, Wirtschaft und Technologie angeht, kann erst dann wieder zum Tragen kommen, wenn die Rüstungen keine beherrschende Rolle mehr spielen.

Wer es gut meint mit Europa, muß die Entspannungspolitik fortsetzen. Entspannungspolitik ist das Mittel, das den europäischen Staaten Gleichberechtigung gegenüber den Nuklearmächten verschafft. Im nuklearen Bereich reduziert sich die Souveränität aller nicht-nuklearen Staaten auf das Recht, ja oder nein zu sagen zur Stationierung atomarer Waffen auf ihrem Boden. Das gilt auch für die beiden deutschen Staaten, die insoweit nicht mehr minderen Rechts gegenüber allen anderen europäischen nicht-nuklearen Staaten sind.

Unser Kurs bestimmt sich also in der Abwägung zwischen dem Interesse unserer Sicherheit und dem an der Fortsetzung der Entspannung. Das wird nicht leicht, wenn Amerika keine Entspannung will. Es wird leichter, wenn wir für die Fortsetzung der Entspannung Verbündete haben in West und Ost. Wenn die Europäer sich nicht beirren lassen und weiterentwickeln, was in ihrem Interesse liegt, werden sie bedeutenden Einfluß ausüben und mehr Sicherheit gewinnen, sogar für diejenigen, die heute noch glauben, sich im wesentlichen auf Raketen stützen zu sollen. Aber es kann sein, daß wir auch nein sagen müssen, wie das im Falle des Erdgas-Röhren-Geschäftes schon einmal geschehen ist. Wir dürfen und müssen keine Politik mitmachen, die wir für falsch halten, solange die gemeinsamen Sicherheitsinteressen von allen Beteiligten gewahrt bleiben.

Die SPD hat die Vorstellung von der Sicherheitspartnerschaft entwickelt. Sie entspricht einer Entwicklung, die zusätzliche Sicherheit durch zusätzliche Waffen nicht mehr bringt. Wir müssen endlich den Punkt finden, den Rüstungswettlauf zu stoppen. Dazu braucht man einen politischen Ansatz, militärisch wird er nie zu finden sein. Wenn eine Strategie von den Menschen nicht mehr angenommen wird, weil sie im Verteidigungsfall zerstören würde, was verteidigt werden soll, so darf sich niemand wundern, wenn – wie in Europa – der Gedanke der Verweigerung wächst. Die Völker werden sich auf Dauer nicht gefallen lassen, daß das Ritual schöner Worte, langer Verhandlungen und immer gefährlicherer Rüstung fortgesetzt wird. Was Helmut Schmidt Sicherheitspartnerschaft genannt hat, hat die Palme-Kommission gemeinsame Sicherheit genannt. Gemeinsame Sicherheit ist die politische Antwort, die zum ersten Mal wirkliche Abrüstung gestatten kann. Dabei wissen wir, daß Moskau davon nicht weniger weit entfernt ist als Washington. Beide haben die Abschreckung interkontinental so weit kontrolliert, daß sie nach menschlichem Ermessen funktioniert. Für Europa gibt es das leider noch nicht.

Als Brandt und Breschnew sich 1971 auf der Krim trafen, sprachen sie in erkennbar wachsendem persönlichen Vertrauen bereits so, als ob das ganze Gebäude der zweiseitigen Verträge schon unter Dach und Fach wäre. Sie faßten die logische Fortsetzung ins Auge. Nachdem die Ostverträge dafür gesorgt haben würden, daß aus den Problemen der Vergangenheit keine Konflikte mehr entstehen können, mußte man sich der Frage zuwenden, Entspannung auch auf das militärische Gebiet zu erweitern. Sie fanden die Formel für eine Reduktion der Streitkräfte und Rüstungen, ohne Nachteil für die beiden Seiten. Daraus wurden die Verhandlungen zu einer ausgewogenen Reduzierung der Truppen in einem begrenzten Gebiet, die seit 1972 in Wien stattfinden. Es lohnt nicht, hier der Frage nachzugehen, warum im einzelnen die Fortsetzung der Entspannung steckenblieb. Die Ablösung Brandts durch Schmidt, die dringender werdenden Probleme der Weltwirtschaft als Ergebnis der Ölpreisexplosionen, Regierungswechsel in Amerika, Behinderung Breschnews durch seine Krankheit trugen dazu bei.

Ob das Militärische die Entspannung beherrscht oder ob die Entspannung auf das Militärische erstreckt wird, das ist die Frage, vor der die internationale Politik steht. Begrenzungen von Rüstung und Truppen ohne Nachteil für beide Seiten, das ist im Grunde der Ansatz der Sicherheitspartnerschaft, die die Loyalitäten innerhalb des jeweiligen Bündnisses intakt läßt. Gemeinsame Sicherheit ist die Fortsetzung der Entspannungspolitik auf militärischem Gebiet. Das ist unsere Perspektive für den Rest des Jahrhunderts.

Es hat erst neuer Spannungen bedurft, ehe Schmidt und Honecker zu der gemeinsamen Formulierung kamen, daß vom deutschen Boden nie wieder Krieg ausgehen dürfe. Es ist nahtlos, wenn im Grundlagenvertrag auch die Konsultation in Sicherheitsfragen vorgesehen wurde und beide Staaten sich auf das Ziel verpflichteten, Rüstungsbegrenzung und Abrüstung, insbesondere der Kernwaffen und anderer Massenvernichtungswaffen, zu unterstützen. Sogar das Ziel einer allgemeinen und vollständigen Abrüstung unter wirksamer Kontrolle ist operativ gültige Vereinbarung. Es gab zunächst zuviel zu tun, um den Grundlagenvertrag mit Leben zu füllen, und anderes kam dazu, so daß die Konsultation über europäische Sicherheitsfragen fast in Vergessenheit geriet. Der Grundlagenvertrag hat den Rahmen auch für zweiseitige Initiativen auch auf diesem Gebiet geschaffen. Man sollte ihn ausfüllen. Beide Staaten haben in ihren Bündnissen auch das Gewicht gewonnen und die notwendige anerkannte Gleichberechtigung untereinander, damit sie auch auf dem Gebiete der Sicherheit ihrer gewachsenen Verantwortung gerecht werden können.

Uns eint, daß wir in jedem europäischen Konflikt als erste dran sind. Und wir haben gelernt und erfahren, daß von Vereinbarungen beider Staaten positive Wirkungen für Europa ausgehen können. Entspannung bleibt der einzige tragbare Boden deutscher Gleichberechtigung und deutscher Zukunft. Entspannung, die »Software«, ist das Entscheidende. Gnade uns beiden, wenn die »Hardware« entscheidet. Entspannung ist gleichbedeutend mit Leben. Sie ist unsere einzige, deutsche wie europäische, Perspektive.

Deutschland und die Atomwaffen
(1984)

Im Rückblick erscheint es unwirklich, wie lange sich die Deutschen damit abfanden, Geiseln zu bleiben. Nur auf westdeutschem Boden lagerten Chemiewaffen. Der politische Druck, sie zu beseitigen, aber auch die DDR kontrolliert chemiewaffenfrei zu machen oder zu halten, den SPD und SED ausübten, brachte das seltsame Ergebnis, daß Kohl und Reagan den einseitigen Abzug der amerikanischen Chemiewaffen vereinbarten, der bis 1990 vollzogen werden sollte. Erst die unerwartete Einheit ergab die Garantie der Gegenseitigkeit.

Tausende taktischer Atomwaffen lagerten auf deutschem Boden, genug, um amerikanischen Gehirnen einen begrenzten Atomkrieg denkbar zu machen. Die Verweigerung, solche Waffen einfach weiter hinzunehmen, mußte diskutiert werden, zumal die Deutschen nicht allein unter den zweitrangigen Staaten waren, die nicht über Atomwaffen verfügten. Endet die Selbstbestimmung dort, wo die Macht der Atomwaffen anfängt?

Soll nun, da Ost-Deutschland atomwaffenfrei wird, West-Deutschland atomare Geisel bleiben? Ob die neu gewonnene Souveränität auch einschließt, Atomwaffen auf unserem Boden abzulehnen, weil die Sicherheit Deutschlands nicht geteilt bleiben darf, ist noch immer offen.

Nun ist die deutsche Frage von den Atomwaffen eingeholt worden. Das ist erstaunlich, nachdem es Gefechtsfeldwaffen auf dem Boden der Bundesrepublik schon seit rund 25 Jahren gibt. Aber die Pershing II hat eben wirklich eine neue Qualität. Ihre Initiatoren haben ihre Auswirkungen auf die deutsche Frage sicher nicht gewollt, wahrscheinlich nicht einmal gesehen.

Ich beziehe mich auf einen Artikel: »The German Problem Revisited« (*Atlantic Quarterly, Issue 3, Autumn 1983*) von Gabriel Robin, diplomatischer Berater der Präsidenten Pompidou und Giscard d'Estaing und politischer Direktor des Quai d'Orsay. Dort heißt es:

»Die Bundesrepublik Deutschland war in hohem Maße ein Land

wie jedes andere und tatsächlich stabiler und wohlhabender als die meisten ... Jede Umfrage bestätigte, daß der deutsche Mann auf der Straße sich wenig Gedanken über die Wiedervereinigung machte ... Wenn von Zeit zu Zeit ein deutscher Politiker sich in Phrasen erging, wie ›die Geschichte hat noch nicht ihr endgültiges Urteil über die Teilung Deutschlands gesprochen‹, dann wäre es falsch gewesen, so etwas ernst zu nehmen: jeder intelligente Mensch wußte, daß es sich um bloße Rhetorik des normalen politischen Lebens handelte.«

Zweifellos gibt Robin nicht nur seine persönliche Meinung wieder, sondern eine Auffassung, die von vielen Beobachtern in westlichen Ländern geteilt wird. Dort hat man wirklich angenommen, die deutsche Frage sei »abgehakt«. Die Auffassung der damaligen CDU/CSU-Opposition, die Ostverträge bedeuteten das Ende der deutschen Frage, war überzeugender als die Versicherungen der sozial-liberalen Regierung oder der Spruch des Bundesverfassungsgerichts, daß der Anspruch auf Deutschlands Selbstbestimmungsrecht durch die Verträge unangetastet ist. Sicher kam dazu, daß man bei unseren westlichen Nachbarn (wohl auch bei unseren östlichen) nur hörte, was man wünschte: endlich Schluß mit den deutschen Querelen.

»Wenn Ihnen jemand sagt, die deutsche Frage gibt es nicht mehr, so seien Sie mißtrauisch: entweder Ihr Gesprächspartner lügt oder er ist dumm«, so hat mich der langjährige französische Botschafter in der Bundesrepublik, François Seydoux, in seinen Erinnerungen zitiert. Ein unangenehmes Problem ist nicht deshalb weg, weil man es verdrängt. Ein Teil des Erstaunens, des Mißtrauens, der Sorge, die man im Westen heute über die Deutschen hört, ist das Ergebnis der Verdrängung, der falschen Einschätzung des deutschen Problems.

Die Bundesrepublik kann niemals ein Staat wie jeder andere im westlichen Bündnis sein, weil sie der einzige Staat ist, dessen nationales Problem ungelöst blieb.

Die Ostverträge, insbesondere der Grundlagenvertrag, haben die nationale Frage zurückgestuft. Aus der Erkenntnis, daß sie in überschaubarer Zeit unlösbar sein würde, im Interesse der Stabilität in Europa, also um den Frieden sicherer zu machen, damit die ungelösten Probleme der Vergangenheit keine Gefährdung unserer Zukunft bedeuteten, um die Situation zwischen den beiden Staaten zu erleichtern, im Interesse der Menschen wurde der Gewaltverzicht vereinbart: Die bestehenden Grenzen, ungeliebt, Ergebnis des Zweiten Weltkriegs, von den Siegern bestimmt, wurden unter das uneingeschränkte Gebot des Gewaltverzichts gestellt. Aber niemand durfte die Illusion haben, daß damit die deutsche Frage »erledigt« sei; die Sowjetunion nahm den »Brief zur deutschen Einheit» an.

Robin fährt fort: »Das Bild sah Anfang 1983 schon sehr anders aus. Ein völliger Wechsel hatte stattgefunden. Das Image eines ergebenen und vernünftigen Deutschland hatte sich verflüchtigt. Statt dessen bot sich ein rätselhaftes und beunruhigendes Bild ... Früher einmal war deutscher Pazifismus ein bedeutungsloses Phänomen gewesen; nun wurde er als gefährliche und ansteckende Krankheit betrachtet ... Der alte Alptraum einer deutschen Aussöhnung mit dem Osten, von dem jeder glaubte, man habe ihn für immer ›ausgetrieben‹ (exorcised), kehrte zurück ... Bei dieser allgemeinen Neueinschätzung spielte Frankreich eine bemerkenswerte Rolle. Frankreichs Präsident kam nach Bonn, um den Französisch-Deutschen Vertrag von 1963 zu feiern, dessen Unterzeichnung er zum damaligen Zeitpunkt heftig widersprochen hatte. Es geschah ohne Beispiel, daß der französische Staatschef mitten in einem Wahlkampf im Bundestag das Wort ergriff und in der Auseinandersetzung der beiden großen deutschen Parteien offen Stellung bezog. Noch überraschender: Ein sozialistischer Parteiführer ergriff Partei für die Rechte, nicht für die Linke. In Wirklichkeit leistete er noch mehr. Mitterrand war prominentes Mitglied aller Regierungen der Vierten Republik gewesen, die der Wiederbewaffnung Deutschlands so lange heftig widersprachen, bis ihre Kraftlosigkeit sie zwang, den Weg freizugeben. Deshalb wirkte es wie Ironie, ihn jetzt die Deutschen drängen zu sehen, sich der Notwendigkeit von Atomwaffen auf dem eigenen Boden zu fügen, die denen Frankreichs mehr oder weniger gleichen.«

Ich möchte hier nur auf zwei Aspekte dieser interessanten Überlegungen Robins eingehen. Die Hoffnung auf Ergebenheit und die Sorge vor Aussöhnung mit dem Osten sind wohl in Frankreich stärker als in anderen westlichen Ländern. Das ist verständlich durch die fundamentalen Gegebenheiten der Geographie und des Interesses, die Frankreich miteinander unentrinnbar vor die Alternative stellen, die Bundesrepublik entweder als Glacis der eigenen Strategie und Sicherheit oder als Teil der eigenen Sicherheit zu sehen; letztere Alternative wird bekanntlich in Paris überwiegend abgelehnt.

Aber zweifellos hat die Bundesrepublik im Ergebnis der Ostverträge die politische Selbständigkeit gegenüber den Staaten Osteuropas gewonnen, die, immer innerhalb der Loyalitäten des eigenen Bündnisses, die anderen Partner der Nato schon vorher hatten.

Oder um es in den Worten Robins zu sagen: Für die Deutschen bedeutete die Entspannung noch etwas mehr. Den geographischen Status quo zu akzeptieren, war ein Mittel zur Veränderung der bestehenden politischen Ordnung. Sie erkannten die DDR und die Oder-Neiße-Grenze an, aber gewannen im Gegenzug mehr Raum zum Manövrieren. Bis zur Mitte der siebziger Jahre waren die Errungenschaften für beide Seiten beeindruckend.

Der Graben zwischen den beiden Deutschland hatte angefangen sich abzuflachen. Die Entwicklung war langsam, aber beständig. Die Bundesrepublik blieb nicht länger der bevorzugte Watschenmann sowjetischer Propaganda. Immer noch ein ökonomischer Riese, hörte sie auf, ein politischer Zwerg zu sein. Für Moskau war sie ein respektierter Partner geworden, zunächst im Handel, aber zunehmend auch auf politischem Gebiet.

Man kann nicht besser als Robin ausdrücken, warum die Bundesrepublik an der Entspannung interessiert war und bleibt und, was wichtiger ist, was wir im Begriff sind zu verlieren, und einige hoffen das.

Nachdem Robin schildert, wie und warum die Entspannung Ende der siebziger Jahre beendet wurde, kommt er zu dem Ergebnis:

»Die Konsequenzen für Deutschland sind ganz offenkundig. Einmal mehr wurde Bonn abgehängt ... Sicherheit, Gleichheit und Einheit standen im Vordergrund deutscher Politik ... Zweifellos wurde Fortschritt erreicht, aber nicht in dem Ausmaß, daß sich Deutschlands Lage beträchtlich geändert hätte ... Die meisten Diskriminierungen sind beseitigt worden, die hauptsächliche besteht jedoch weiter, nämlich die Verbannung vom Besitz der Nuklearwaffen. Die Teilung ist weniger einschneidend, als sie es war, aber nicht überwunden ... Seine Alliierten hofften zweifellos, die Deutschen würden sich im Verlauf der Jahre an die Situation gewöhnen und zunehmend bereit sein, sie zu akzeptieren. Das ist nicht eingetreten ...«

Die Franzosen verlassen sich nur zu gern auf Washington, wenn es darum geht, die Bundesrepublik zu überwachen, und auf Moskau, wenn es darum geht, die Wiedervereinigung zu verhindern. Der Status quo paßt ihnen sehr gut, und zweifellos stellen sie sich vor, ihn dadurch zu konsolidieren, daß sie die Deutschen zur Stationierung drängen. Tatsächlich könnte das dazu beitragen, ihn zu verändern.

Was Robin mit aller wünschenswerten Offenheit und Klarheit sagt, hat der *Spiegel* als Äußerung des sicherheitspolitischen Sprechers der französischen sozialistischen Partei, Jacques Huntzinger, so berichtet: »Die Stationierung der Pershing II löst für Frankreich das deutsche Problem für die nächsten zwanzig Jahre.« Das ist nicht unlogisch gedacht; denn die potentielle Bedrohung der Sowjetunion vom Boden der Bundesrepublik wird nach den Ankündigungen aus Moskau die Beziehungen zwischen dem Kreml und Bonn abkühlen oder erschweren. Wem diese Beziehungen Sorgen gemacht haben, braucht sich künftig weniger zu sorgen. Die Möglichkeit besteht, daß die Beziehungen zwischen Bonn und Moskau zurückgestuft werden etwa auf das, was wir bis 1969 hatten. Die Bemühungen der Bundesregierung sind logisch, Schadensbegrenzungen vorzunehmen; aber ihre Pflicht war es, Schaden abzuwenden.

Auch gegenüber der DDR mit der dort vorgesehenen Gegenstationierung der SS 22 ergeben sich Belastungen, von denen noch niemand sagen kann, wie schwer sie werden. Die beiden deutschen Staaten sind jedenfalls fester im Griff. Ich glaube nicht, daß die Bundesrepublik, genauer gesagt ihre Menschen und die hier wirksamen politischen Faktoren, Parteien, Kirchen, Gewerkschaften, Friedensbewegung sich beruhigen werden, wenn ihnen diese Dimension der Stationierung erst einmal voll ins Bewußtsein dringen wird.

Robin sieht dies voraus. Er meint: »Um es klar zu sagen: Zur Wahl stehen Nuklearwaffen oder Wiedervereinigung. Bei Abwesenheit von Entspannung und wenn die Stationierung erst einmal beginnt, werden die Deutschen nur dann bereit sein, Nuklearwaffen auf ihrem Boden zu stationieren, wenn sie eine gewisse Kontrolle über deren Einsatz haben ... Solches Verlangen wird vernünftig klingen, da diese Waffen zur Vernichtung des eigenen Landes führen können ... Statt die Wiedervereinigungsfrage zu Ende zu bringen, könnte die Stationierung sie in eine neue Richtung lenken. Die Wahl könnte für jedermann viel grundsätzlicher, die Herausforderung viel höher werden. Kein vernünftiger Mensch innerhalb oder außerhalb Deutschlands könnte beides wünschen, Nuklearbewaffnung und Wiedervereinigung ... Viele Leute wären zufrieden, mit einem sowohl geteilten als auch denuklearisierten Deutschland zu leben, aber die Deutschen selbst wären es nicht. Daher lautet die unvermeidliche Frage, ob es langfristig besser ist, ein atomar bewaffnetes, aber geteiltes Deutschland anzustreben oder ein atomar entwaffnetes, aber vereintes Deutschland.« Robin greift auf alte Ideen de Gaulles zurück und spricht sich für die Wiedervereinigung eines entnuklearisierten Deutschlands aus.

Es ist schon erstaunlich, die Wiederbelebung der deutschen Frage aus Sorge über nukleare Ambitionen von französischer Seite her zu lesen. Was die Pershings so alles bewirken, woran weder die amerikanischen noch die deutschen Befürworter gedacht haben!

Das vereinte Deutschland als kleineres Übel – das könnte bei uns manche auf den Geschmack bringen, sei es den nuklearen oder den deutschen.

Der Sinn für Realitäten gebietet wohl die Feststellung, daß die Alternative, die Robin stellt, falsch ist: Deutschland wird weder die Einheit noch die Verfügung über Atomwaffen in der Bundesrepublik bekommen. Das erste ist nicht erreichbar, das zweite nicht wünschbar. Die Wirklichkeit sieht beide Staaten in der ihnen zukommenden Loyalität zu ihren Bündnissen, die heute die Grundpfeiler der europäischen Stabilität oder – um es mit einem inflationär benutzten Wort zu sagen – des Friedens in Europa bilden. Wer der Überzeugung ist, daß die Aufgabe der kommenden Jahre die Organisation der gemeinsamen Sicherheit, d.h. der Sicherheit der potentiellen Gegner ist, muß sehen, daß dazu die beiden Bündnisse in ihrer Funktionsfähigkeit politisch wie logisch gehören.

Die Nuklearfrage beweist, wenn man so will: brutal, daß es eine isolierte deutsche Frage nicht mehr gibt. Sie ist mindestens europäisiert worden. Ebensowenig wie man sich eine isolierte Überwindung der Spaltung der Stadt Berlin noch vorstellen kann (darüber wurde bis ein halbes Jahr vor dem Bau der Mauer noch öffentlich nachgedacht), ist heute noch eine Regelung im Sinn der klassischen Einheitsvorstellungen für Deutschland denkbar, solange Europa politisch, militärisch und wirtschaftlich in zwei Lagern organisiert bleibt. Was die Deutschen können, können sie nur in den Bündnissen. Die Frage ist, welchen Raum sie dafür haben oder sich schaffen können.

Das hat mit einer Analyse zu beginnen, die beide Staaten als potentielles Schlachtfeld sieht, im Falle eines Konflikts gleichermaßen aufs höchste gefährdet und gleichermaßen in einem solchen Falle ohne Entscheidungsmöglichkeiten über existentielle Fragen. Eine solche Situation zu verhindern, ist gemeinsames Interesse.

Die Grundbedingung ihrer Existenz, nämlich Teilung, steht im

Widerspruch zu dem gemeinsamen Grundinteresse, ihren außerordentlichen Grad von Gefährdung zu mindern. Sie werden dies nur insoweit tun können, als damit zu keinem Zeitpunkt ihre Bündnisloyalität in Frage gestellt wird (das muß übrigens auch denen klar sein, die bei uns über Lockerungen der bundesrepublikanischen Nato-Bindungen nachdenken. Wer dies überlegt, wird die Möglichkeiten der effektiven Verbesserungen unserer Sicherheit zerstören, die im Zusammenwirken mit Partnern des Warschauer Vertrages möglich sein könnten).

Sie werden dann auch feststellen, daß es eine Reihe weiterer Staaten gibt, die wie die beiden deutschen nicht über nukleare Waffen verfügen, aber solche auf ihrem Boden stationiert finden. Hier ergeben sich parallele Interessen mit der ČSSR oder den Niederlanden oder Polen und Belgien. Der Grundlagenvertrag, hervorragend bewährt gerade in der Zeit zunehmender Ost-West-Spannungen und nach dem Regierungswechsel in Bonn, hat wirklich die wesentlichen Interessen der beiden deutschen Staaten, solange es sie gibt, in Paragraphen gefaßt und dabei eine Abstimmung über Sicherheitsfragen vorgesehen, die bisher kaum über die Deklamation hinausgelangt ist, daß vom deutschen Boden kein Krieg mehr ausgehen dürfe. Der Grundlagenvertrag hat im übrigen sehr realistisch das, was die deutschen Staaten in bezug auf die Sicherheit tun können, als europabezogen formuliert. Was die deutschen Staaten da tun können, tun sie nie nur für sich.

Die Frage ist also, ob sie gewissermaßen modellhaft in der Lage sind, sicherheitsrelevante Vereinbarungen zu treffen, in Absprache mit ihren Verbündeten, ohne daß die Strategie ihrer Bündnisse berührt oder verändert wird.

Es ist der Überlegung wert, ob beide Staaten willens oder in der Lage sind, zu vereinbaren, daß keine chemischen Waffen auf ihrem Boden gelagert werden. Was den Abzug solcher Waffen angeht, so können die Deutschen offensichtlich nicht über Waffen verfügen, die ihnen nicht gehören. Schon das macht klar, daß dazu Vereinbarungen zwischen ihnen und ihren beiden Hauptverbündeten erforderlich wären. Das könnte diese Verbündeten auch beruhigen, soweit das nötig ist.

Was den Abzug angeht und die Kontrolle der getroffenen Vereinbarungen für die und zwischen den chemiewaffenfreien deutschen Staaten, so ist klar, daß so etwas modellhaften Charakter für größere

Vereinbarungen gewinnen könnte. Gemeinsame Kontrollgruppen hätten sogar den Vorteil, daß sie keine Sprachbarrieren haben.

Gerade insofern können die beiden deutschen Staaten durchaus etwas im Interesse Europas leisten, auch für den Fall von anderen vertrauensbildenden Maßnahmen, die für das europäische Zentrum vereinbart werden.

Ein chemiewaffenfreies Gebiet in der Mitte Europas würde die Sicherheit der beiden Supermächte nicht gefährden. Es könnte aber dazu einladen, die Nachbarn der beiden deutschen Staaten aufzufordern, diesen Vereinbarungen beizutreten.

Jedenfalls ist es phantasielos und nach bisherigen Erfahrungen nicht erfolgversprechend, die Hoffnung auf eine weltweite Ächtung der chemischen Waffen zu setzen und dies als Entschuldigung dafür zu nehmen, das zu unterlassen, was im kleinen hier und heute möglich sein könnte.

Gerade in einer Zeit, in der zwar nicht die öffentliche Sprachlosigkeit zwischen den beiden Supermächten abnimmt, aber ihre interne Dialogfähigkeit, könnten die beiden deutschen Staaten auf einem begrenzten Sektor, der den beiden Großen nicht wehtut, ihnen ein kleines Stück Detail- und Pionierarbeit abnehmen. Die Ergebnisse kämen allen zugute.

Solange die Sicherheitsfragen, leider, eine so dominierende Rolle spielen, sollten die beiden deutschen Staaten die Möglichkeiten ausloten, die ihnen geographische Nachbarschaft nahelegt und ihre gemeinsamen Interessen an mehr Sicherheit befehlen. Das ist fruchtbarer, als eine neue Runde der Diskussion zur Lösung der deutschen Frage eröffnen, deren Erfolglosigkeit wie bisher sicher ist.

Es ist ja schön, wenn nun auch viele im Westen zur Kenntnis nehmen, daß es die Deutschen und ihre Probleme noch gibt, aber wir haben keinen Grund, unseren Freunden neue Sorgen zu bereiten. Die Deutschen, im Westen wie im Osten gebunden, könnten sich und Europa einen Dienst leisten mit dem einen oder anderen Modell. Man könnte es auch positiv formulieren: Warum soll nicht von deutschem Boden Frieden ausgehen?

Die Chancen der Geschichte in der Teilung suchen
(1985)

Anfang 1985 wurde Michail Gorbatschow erster Mann in Moskau und entwickelte seine Vorschläge zu einer atomwaffenfreien Welt. Über konventionelle Abrüstung sprach er noch nicht, was den Westen an seiner Glaubwürdigkeit zweifeln ließ. Im April saß ich ihm im Kreml gegenüber und bekam zu meinem größten Erstaunen von ihm das Konzept »Gemeinsame Sicherheit« erläutert. Ich hörte danach von meinem russischen Kollegen in der Palme-Kommission, Juri Arbatow, daß er seinem Freund Gorbatschow schon vor einigen Jahren über die Diskussion und Ergebnisse der Kommission berichtet hatte. Gorbatschow hatte sich das zu eigen gemacht und begann, mutig und konsequent seine Abrüstungsvorschläge, die dann auch konventionelle Streitkräfte einschlossen, den Westen etwas atemlos machten, bis hin zu einseitigen Truppenreduktionen der sowjetischen, überlegenen Streitkräfte, was wiederum seine Verbündeten gern aufgriffen.

Reagan startete sein Programm vom »Krieg der Sterne«, das im Falle des Erfolgs die amerikanische Überlegenheit an die Stelle der gegenwärtig gesicherten Entspannung (MAD) setzen würde. Das Rennen zwischen dem alten Denken in Kategorien von Siegfähigkeit und gemeinsamer Sicherheit begann; höchste Zeit, über die deutschen Möglichkeiten nachzudenken und souverän zu handeln, ohne es völkerrechtlich schon zu sein.

Man kann zornig werden, wenn man die unsinnige Debatte dieser Monate darüber verfolgt, wie offen die deutsche Frage ist oder gar, daß das Deutsche Reich in den Grenzen des Jahres 1937 fortbestehe. Man kann niemandem raten, das wörtlich zu nehmen und so zu tun, als gäbe es Mauer und Stacheldraht nicht oder als beginne nicht jenseits der Oder-Neiße-Linie polnisches Gebiet. Die damalige Opposition ist wegen des Warschauer Vertrages nicht einmal zum Bundesverfassungsgericht gegangen. Daß wir keine Ansprüche auf diese Gebiete haben und auch künftig nicht erheben werden, hat die Bundesregierung bestätigt, den heutigen Kanzler eingeschlossen. *Pacta sunt servanda* ist ein beliebter Spruch des bayerischen Ministerpräsidenten, dem sein praktisches Handeln mehr entspricht als die Sprüche, die er über Deutschland in den Grenzen des Jahres 1937 macht.

Beschränken wir uns also darauf, wie offen die deutsche Frage, das heißt die Zukunft des Gebietes ist, in dem heute die DDR und die Bundesrepublik existieren.

Hier sind, soweit es deutsche Mitwirkung angeht, zwei wichtige Akte erfolgt. Der erste geschah 1955, beim Eintritt der Bundesrepublik in die Nato. Dort haben wir unseren Anspruch ebenso wie die Zusage der Drei Mächte formuliert, für das deutsche Selbstbestimmungsrecht einzutreten.

Im übrigen möchte ich an die leidenschaftlichen Debatten jener Zeit im Deutschen Bundestag erinnern. Damals haben sich Sozialdemokraten dagegen aufgebäumt, um wenigstens auszuloten, ob die deutsche Einheit durch Verzicht auf den Nato-Beitritt erreichbar sei. Damals befürchteten wir durch diese Verträge für Deutschland das Siegel auf dem Status quo, im allgemeinen Teilung genannt. Heute muß man sagen, daß die Sozialdemokraten Ollenhauer, Erler und Carlo Schmid leider Recht behalten haben. Adenauer hat mit seiner Auffassung, daß Westintegration und Wiederbewaffnung fast automatisch zur Wiedervereinigung führen würden, leider Unrecht behalten. Aber Adenauer hat sich durchgesetzt, und die politischen Folgen, die Realitäten sind nicht wegzuresolutionieren.

Das zweite Mal gab es einen deutschen Akt im Zusammenhang mit dem Moskauer Vertrag und dem Grundlagenvertrag. Das ist kein Zufall. Denn es mußte auch in dem Grundverhältnis zu Moskau und zu Ost-Berlin klargemacht werden, vor Vertragsunterzeichnung, daß der Wunsch auf deutsche Selbstbestimmung durch diese Verträge nicht untergeht. Aber es bedeutete auch, daß die Verträge dominieren und der deutschen Frage nicht untergeordnet sind.

Nichts ist auf *völkerrechtlichem* Gebiet seit den Jahren 1955, 1970 und 1972 zur deutschen Frage noch substantiell erfolgt. Durch keine Rede kann die deutsche Frage offener gemacht werden, als sie es durch diese beiden Grunddaten war, ist und bleibt.

Wie sieht die Sache politisch aus: Politisch sind beide Staaten in gegeneinander gerichteten Allianzen gebunden. Es gibt einen ziemlich weitgehenden Konsens der Demokraten in diesem Lande, wonach die Sicherheit der Bundesrepublik außerhalb des Bündnisses nicht möglich ist. Wir können auch nicht absehen, wann die Nato entbehrlich würde oder durch ein gesamteuropäisches Sicherheitssystem abgelöst würde. Das heißt: Die deutsche Frage ist nicht akut, solange es die Nato gibt. Niemand kann bestreiten, daß Nato und deutsche Teilung für unabsehbare Zeit siamesische Zwillinge sind. Gerade diejenigen, die die Offenheit der deutschen Frage proklamieren, sind meist dieselben, die den Grundkonsens in unserem Land in Gefahr sehen, wenn irgendeiner auch nur wagt, darüber nachzudenken, ob die Bundesrepublik dem französischen Beispiel folgen und die Organisation des Bündnisses, aber nicht das Bündnis verlassen sollte, eine Meinung, die ich übrigens nicht teile.

In der Diskussion über Nato und offene deutsche Frage dokumentiert sich deutsche Schizophrenie. Und dafür Verständnis in Ost und West zu erwarten, d.h. zu erwarten, daß man uns die Ehrlichkeit glaubt, mit der beides nebeneinander vertreten wird, ist der Versuch, die deutsche zu einer europäischen Schizophrenie zu machen. Daß Europa Ost und Europa West das nicht mitmachen, ist nur gut. Wer ehrlich ist, wird sagen müssen, daß keiner sich beunruhigen solle: Keine Bundesregierung, die heutige noch weniger als frühere, überlegt auch nur im stillsten Kämmerlein, die Einheit Deutschlands gegen den Austritt der Bundesrepublik aus der Nato zu erwägen oder gar anzubieten. So offen wollen die Herren die deutsche Frage doch nicht haben, die sie für offen erklären. Übrigens soll man sich dann nicht wundern, wenn die Glaubwürdigkeit der Bundesrepublik da und dort in Zweifel gezogen wird, wenn Standpunkte vertreten werden, deren Unlogik allen offenbar ist – außer denen, die sie leugnen.

Es geht noch weiter: Was eigentlich ist vitales Interesse? Ist die Frage der deutschen Einheit unser vitales Interesse? Offensichtlich nein. Vitales Interesse ist die Sicherheit der Bundesrepublik. Die Sicherung des freien Restes, diese Priorität, die Adenauer durchgesetzt hat, ist noch immer Priorität der bundesrepublikanischen Politik. Die Opposition von damals hat sich längst auf den Boden dieser Realität gestellt. Die Koalition von heute stellt sich auf den Boden der von der sozialliberalen Koalition geschaffenen Realität der Verträge, aber fällt verbal zurück in die fünfziger Jahre, als es die Verträge noch gar nicht gab, als man noch hoffen konnte, daß Wiederbewaffnung und Westintegration zur Einheit führen könnten. Es ist ja nicht mehr so schlimm wie damals, als man sagte, es gibt keinen Frieden, solange Deutschland geteilt bleibt. Aber die Wiederbelebung der verbalen Ansprüche, ohne politische Relevanz, ohne zeitliche Aussicht, im Gegensatz zu den vitalen Interessen der Bundesrepublik, im Gegensatz zur Tagespolitik, ist geeignet, abermals Illusionen zu pflegen, Gehirne der Menschen zu vernebeln, Ansehen der Bundesrepublik zu gefährden und Deutschland zu schaden.

Was sind vitale Interessen, frage ich noch einmal? Wurde irgendwo geltend gemacht, das Gebiet unserer Landsleute, die in der DDR wohnen, aus der atomaren Zielplanung herauszunehmen? Wir fühlen uns ja doch verpflichtet, für sie mitzudenken und womöglich zu sorgen. Ich habe einmal unseren westlichen Freunden in der EG erläutert, warum ich es als vitales Interesse empfinde, daß der innerdeutsche Handel zeitlich unbegrenzt im Grundlagenvertrag steht, das heißt, die DDR präferenziert wird. Obwohl unsere Freunde das gar nicht so gerne gehört haben und vielleicht auch heute noch nicht schätzen. Das war in einer internen Sitzung und ist bis zum heutigen Tage von mir nie öffentlich gesagt worden. Aber wenn ich heute höre, es sei vitales Interesse, daß die Getreidepreise nicht um 0,9 Prozent gesenkt werden, dann frage ich mich doch, wie weit die Bundesrepublik eigentlich gesunken ist, wenn sie dafür den Begriff des lebenswichtigen Interesses benutzt? Ich bin sehr gespannt, welche gesamtdeutschen Vorbehalte der Bundeskanzler für den Fall in Mailand machen wird, wenn wir dort der Europäischen Union, genauer gesagt, der Westeuropäischen Union einen Schritt näher kommen. Ich nehme an: Keinen. Und damit hat er sogar recht. Es liegt in der Logik: So offen ist die deutsche Frage eben nicht. Aber dann sollte man auch nicht so tun. Nach Westen möglichst Integration, nach Osten möglichst national, nach Westen möglichst international, nach Osten möglichst patriotisch, das kann in den achtziger Jahren noch weniger funktionieren als in den fünfziger oder sechziger Jahren.

Nun gibt es Leute, die die politische Bindung, exakter die politische Wirkung der geschlossenen Verträge in Frage stellen. Dies als Problem aufzuwerfen, würde eine neue Illusion an die Stelle der alten setzen. Natürlich gibt es durch keinen Vertrag Bindungen, soweit sie nicht in ihm enthalten sind. Aber der Friedensvertragvorbehalt im Potsdamer Abkommen hilft uns für unser Problem praktisch überhaupt nicht. Entsprechendes gilt für die Verträge von 1955.

Auch für sie gilt die normative Kraft des Faktischen. Oder glaubt irgend jemand, daß das Einklagen der deutschen Einheit mit dem bekannten Ergebnis während der letzten 40 Jahre in den nächsten 20 oder 40 Jahren einen anderen Erfolg haben wird? Nato und Einheit sind eben unvereinbar. Die Ostverträge haben dem nichts Wesentliches hinzugefügt oder weggenommen. Aber politische Bindungswirkung für die Zukunft haben sie natürlich.

Das heißt mit anderen Worten: Die deutsche Frage ist eine historische geworden. Eine Frage, in der wir auf die Geschichte vertrauen und die Chance, die sie uns vielleicht öffnen kann. Und für diese Möglichkeit haben wir uns gewissermaßen juristisch den Anspruch erhalten. Aber wir müssen wissen, daß es diese Chance nur gibt, wenn der Friede erhalten bleibt. Ohne Friede ist alles nichts, auch nicht die deutsche Frage.

Der Bundespräsident hat auf dem Evangelischen Kirchentag unter anderem formuliert: »Der Kern der Frage ist die Freiheit. Ein Fortschritt in Richtung auf Einheit um den Preis von Freiheit wäre ein Rückschritt.« Dies ist sehr ehrlich. Ich sehe es auch so.

Wenn wir ein bißchen genauer darüber nachdenken, erschließt sich uns eine neue Dimension. Angenommen, wir würden eines Tages den Punkt erreichen, an dem Nato und Warschauer Vertrag durch ein gesamteuropäisches Sicherheitssystem abgelöst werden. Für einen, der die Idee der gemeinsamen Sicherheit durch Sicherheitspartnerschaft will, ein erstrebenswertes Ziel. »Mutual Assured Security«, diese Formulierung Präsident Reagans, heißt gemeinsame Sicherheit für die beiden Supermächte, als Ziel für mich zu teilen, wenngleich ich die Fragen anfüge: Warum nur für die beiden Supermächte? Warum muß man dafür in den Weltraum gehen? Warum kann dies nicht auf der Erde und warum nicht auch für Europa angestrebt werden? Wie auch immer: Es wird noch eine Weile dauern, bis wir Schritt für Schritt so viel bündnisüberwölbende Verträge haben, daß die heute unentbehrlichen Pfeiler der Stabilität – Nato und Warschauer Vertrag – entbehrlich werden. Angenommen, dies geschieht, dann haben wir Frieden, die Art von gesicherter gegenseitiger Sicherheit durch strukturelle Defensivfähigkeit, die wir uns nur wünschen können. Haben wir dann die Einheit?

Auch dann noch blieben die Europäische Gemeinschaft und der Rat für gegenseitige Wirtschaftshilfe, das heißt zwei Organisationen, in denen sich zwei völlig unterschiedliche Wirtschafts- und Gesellschaftsordnungen manifestieren. Auch dann noch blieben die tiefgreifenden Unterschiede der Systeme, der Wertvorstellungen, also das, was für uns in dem Wort Freiheit enthalten ist. Es bleibt der Kern, wie der Bundespräsident formuliert hat: »Der Kern der Frage ist die Freiheit. Ein Fortschritt in Richtung auf Einheit um den Preis von Freiheit wäre ein Rückschritt.« Diese Formulierung schließt diesen Schritt nicht aus, aber wertet ihn. Ich glaube, die große Mehrheit der Menschen in der Bundesrepublik wäre nicht bereit, soweit man das heute erkennen kann, Freiheit für Einheit zu tauschen. Wenn das so ist, ergibt sich eine Dimension, die in Jahrzehnten nicht zu messen ist.

Ich bin der Auffassung, daß die ideologischen Unterschiede der Systeme, deren Grenze unglücklicherweise durch unser Volk geht, nicht wegverhandelt werden können. Sie sind auch nicht kompromißfähig. Zwischen einem Einparteien- und Mehrparteien-System, zwischen dem Wechsel der Regierungen durch Wahlen und der Bestätigung von Regierungen durch Wahlen sehe ich keinen Kompromiß, um nur einen von vielen Punkten herauszugreifen. Aber wenn wir alle dieser Auffassung sind, wie schal und hohl klingt dann die Fanfare von der Offenheit der deutschen Frage? Die deutsche Frage ist dann leider völlig offen in dem ganz anderen Sinn, daß der Horizont nicht einmal erkennbar ist, an dem man sie lösen kann. Jawohl, die Sache ist leider völlig offen. Die Teilung ist sicher, die Einheit ist offen. Und weil ich das so sehe, werde ich mich künftig an der engen Diskussion darüber nicht mehr beteiligen, wie offen die deutsche Frage ist.

Ich bin dennoch nicht für Resignation. Ich bekenne mich dennoch zur Irrationalität der Hoffnung auf die Geschichte.

Aber Aufgabe der Politik ist es, für die überschaubare Zeit zu sorgen, und in der überschaubaren Zeit gibt es zwei Staaten. Ihr Grundverhältnis ist, mit Recht zeitlich unbegrenzt, geregelt. Sie treten sich als souverän gegenüber. Diese beiden Staaten, begünstigt von der Geographie in der Mitte Europas, von den Erfahrungen der gemeinsamen Geschichte, durch die gemeinsame Sprache, das gemeinsame Bekenntnis, deutsch zu sein, durch die besondere Position, die beide in ihren Bündnissen haben, haben die Chance, etwas für ihre Nachbarn, das heißt, für Europa zu tun. Das Wort Verantwortungsgemeinschaft ist von beiden Seiten akzeptiert. Die Gemeinsamkeiten in der Teilung suchen, ist die zeitlich nicht begrenzbare Aufgabe der beiden Staaten.

Dabei ergeben sich zwei Schwerpunkte: Der erste ist die Erhaltung des Friedens mit den besonderen Möglichkeiten, die gerade weil jeder in seinem Bündnis ein unentbehrlicher Faktor der Stabilität ist, beide haben als Chancen, vielleicht sogar Pflichten gegenüber allen Nachbarn.

Wie vom Zentrum Europas Stabilität und Frieden ausgehen kann, sollte zu einem Schwerpunkt der Außenpolitik beider Staaten werden, mit dem sie einen Dienst für Europa leisten, wenn man so will, eine späte Wiedergutmachung dafür, daß von deutschem Boden Krieg ausgegangen ist.

Der zweite Schwerpunkt ist in den Erleichterungen für die Menschen zu sehen, was nach den Erfahrungen um so eher möglich wird, je mehr die Politik zu Entspannung und Kooperation zurückfindet. Mehr für die Menschen zu erreichen ist nicht Voraussetzung, sondern Ergebnis engeren politischen Zusammenwirkens.

Eine solche Politik entspräche dem Interesse und der Lage der Nation. Sie verlangt in der Praxis, daß beide deutsche Staaten sich über europäische Sicherheitsfragen konsultieren sollten, wie im Grundlagenvertrag vorgesehen. Das Ziel wären Initiativen beider Staaten in ihren Bündnissen. Ob es solche Möglichkeiten gibt, war der Sinn der Verhandlungen, die wir mit der SED geführt haben, mit dem Ergebnis, eine von Chemiewaffen freie Zone in Europa vorschlagen zu können, in einer Art, die die Interessen beider Seiten berücksichtigt.

Eine letzte Überlegung: Es gibt eine weitere bundesdeutsche Schizophrenie: Nicht souverän in eigener Sache, also, völkerrechtlich gesprochen, mit den Vorbehaltsrechten der Siegermächte in allen ganz Deutschland und Berlin betreffenden Fragen behaftet, ergibt sich eine Haltung, die darauf wartet, daß die Zusagen von anderen für unsere Sache, ohne daß sie sich bisher besonders bemüht hätten, eines Tages irgendwie eingelöst und uns in Form der staatlichen Einheit dargebracht werden. In der Kernfrage, dem verpflichtenden Element des Grundgesetzes nehmen wir die Begrenzung unserer Souveränität nun seit 40 Jahren hin. Mit welcher Perspektive eigentlich? In den nächsten 40 Jahren ebenso über die Offenheit der deutschen Frage quatschen, ohne auch nur nach der Souveränität zu fragen, darüber zu entscheiden? Welche Doppelbödigkeit! Wo wir ja doch zum Beispiel aus guten Gründen nicht einmal in Frage stellen, daß das Bundesverfassungsgericht in West-Berlin nichts zu sagen hat. Theoretisch sind wir nun im Rahmen der Westeuropäischen Union sogar in der Lage, strategische Waffen und weitreichende Raketen zu bauen, Ja oder Nein zu sagen, wie alle anderen westlichen Staaten auch, zur Stationierung qualitativ neuer Waffensysteme auf unserem Boden. Der Stolz auf die wachsende Souveränität läuft parallel mit dem versteinerten Anspruch auf die Nicht-Souveränität in eigener Sache. Die politischen Diskussionen verlaufen einmal auf der einen, einmal auf der anderen Ebene. Sie sind wirklich und unwirklich. Die Realität der Bonner Politik und die Fiktion der deutschen Frage berühren sich nicht mehr. Weil die Realität stärker ist. Niemand hat zum Beispiel erwartet, daß die Bundesrepublik gesamtdeutsche Bedingungen gestellt hätte, um im Falle des Erfolges auf die Stationierung der Raketen zu verzichten.

Wir sollten also die überfällige Haltung einnehmen, daß es keinen Mangel an deutscher Souveränität mehr gibt, der uns daran hindert, die eigenen Interessen zu definieren und das als richtig Erkannte zu verfolgen. 40 Jahre sind genug. Das Fehlen eines Friedensvertrages ist geschichtlich kein Entschuldigungsgrund, sich hinter dem juristischen Souveränitätsmangel zu verbergen. Wir sollten uns politisch so verhalten, als ob wir in der Frage der Nation souverän wären. Gerade weil wir nicht wissen, ob und wann wir die Begrenzungen unserer Souveränität in eigenster Sache loswerden, also ob und wann es einen Friedensvertrag gibt. Die politische deutsche Verantwortung für die Nation kann nicht so lange warten. Auch bei dieser Haltung finden wir uns der DDR gegenüber. Die Deutschen in beiden Staaten sollten also wie alle anderen Staaten selbständig handeln, ohne Überschätzung, das heißt in den weiterbestehenden Bindungen ihrer beiden Bündnisse.

Konkret: Was die beiden Staaten an Initiativen zu einer realistischen Rüstungskontrollpolitik beitragen können, an deren Ende die Sicherheitspartnerschaft steht, die Sicherheitspartnerschaft der Europäer, in den Staaten, in denen sie leben, das nenne ich:

Die Chancen der Geschichte in der Teilung suchen.

Gemeinsamkeiten suchen
(1987)

Anfang des Jahres 1987 hatte Kohl die Wahl gewonnen. Seine Regierungserklärung setzte nicht das Ziel der Deutschen Einheit bis zum Ende der neuen Legislaturperiode. Und als Honecker Bonn besuchte, wohl ein politischer Gipfel seines Lebens, war natürlich auch nicht davon die Rede. Es blieb also, dem einzig erkannten Weg mit größerer Hartnäckigkeit zu folgen: Daß die deutschen Chancen steigen würden, wenn die Sicherheitsfrage gelöst würde, war Überzeugung seit der Arbeit im Planungsstab, seit Brandt und Breschnew 1971 auf der Krim die Formel von der notwendigen Reduktion von Streitkräften ohne Nachteile für die Beteiligten gefunden hatten, woraus später die jahrelangen, erfolglosen Verhandlungen in Wien wurden, die vom Begriff der gegenseitigen, ausgewogenen Streitkräftereduktion (MBFR) ausgingen.

Es entwickelte sich eine Art Komplizenschaft zwischen den beiden so unterschiedlichen Staaten, möglichst kein Kriegsschauplatz zu werden, die Ergebnisse der Entspannung möglichst zu erhalten, auch wenn das Klima zwischen den beiden Großen kühler wurde. Es war angebracht, nun darauf zu drängen, deutsche Initiativen zu entwickeln, um konventionelle Stabilität und Angriffsunfähigkeit zwischen den beiden scheinbar so festen Blöcken zu erreichen.

Es ist im Grunde nur noch ärgerlich, wenn darüber gelabert wird, wie offen die deutsche Frage ist. Sie ist so schrecklich offen, daß niemand weiß, ob und wann sie schlüssig beantwortet werden kann.

Und das nicht erst seit gestern. Daß die staatliche Einheit unser erstes Ziel sei, wurde zwar seit 1949 behauptet, aber die praktische Politik strafte die Propaganda Lügen. Auf der einen Seite verstieg man sich bis in die schwachsinnige Formel »Kein Friede ohne Einheit«, auf der anderen Seite wurde nicht einmal ausgelotet, wie ernst die sowjetische Note gemeint war, die 1952 die Wiedervereinigung anbot.

Die Sicherung des westdeutschen freien Restes rangierte immer vor dem Versuch, das Ganze zu gewinnen.

Die gepflegte Illusion, Westintegration und Wiederbewaffnung würden fast automatisch zur Wiedervereinigung führen, ließ in Ostberlin zur Gewißheit werden, jede Forderung »Deutsche an den Tisch«, würde schon abgelehnt werden.

Der sozialdemokratische Kampf um Deutschland blieb in der Minderheit. Keine Zurückweisung ungeöffneter Briefe aus Ostberlin konnte verhindern, daß aus der »Zone« die DDR wurde. Wir hatten zu lernen, daß die Passierscheine, mit denen die 1961 gebaute Mauer für die Menschen durchlässig gemacht werden konnte, eben nur von der Regierung der DDR ohne alle Anführungsstriche zu erreichen waren. Wir mußten erfahren, daß das letzte sowjetische Angebot durch Chruschtschow im Jahre 1972, über Deutschland zu sprechen, nicht angenommen wurde; seit 1964, als die Sowjetunion mit ihrem 20jährigen Freundschaftsvertrag, später verlängert, der DDR gewissermaßen die völkerrechtliche Bestandsgarantie gab, war der Zusammenbruch der Hallstein-Doktrin nur noch eine Frage der Zeit.

Es war die Befreiung aus der Selbstlähmung, als die sozialliberale Koalition Ende 1969 die DDR als Staat anerkannte. Es war auch die Befreiung aus der drohenden Selbstisolierung; denn Europa, auch unsere Verbündeten, wollte sich durch die deutschen Streitereien nicht länger abhalten lassen, den Prozeß zu beginnen, natürlich unter voller Einschaltung der DDR, der mit dem Namen der Stadt Helsinki verbunden worden ist.

Die Anerkennung der DDR als Staat gab der Bonner Politik Bewegungsraum und verlieh ihr zusätzliches außenpolitisches Gewicht. Wir hatten im Moskauer Vertrag bewiesen, daß die Bundesrepublik, wie ihre anderen Verbündeten auch, abgestimmt, aber selbständig mit der Sowjetunion sprechen und handeln kann. Dabei war ein entscheidender Faktor, dem sowjetischen Außenminister klarzumachen, daß der deutsche Anspruch auf Selbstbestimmung keine Verletzung des Moskauer Vertrages sein durfte und konnte; gute oder freundschaftliche Beziehungen sind nicht zu einem Land möglich, das den Deutschen ihren Anspruch auf Selbstbestimmung abspricht oder ihn als friedensgefährdend bezeichnet. Entscheidend war, daß der Gewaltverzicht zur Änderung der bestehenden Grenzen in Europa, die wir nicht gemacht haben, auch die Grenze zur DDR, zur alles überragenden völkerrechtlichen Verpflichtung wurde. Mit anderen Worten, jede Änderung der Grenzen, gegenüber der DDR auch ihre Aufhebung, wurde auf gegenseitiges Einvernehmen gestellt.

Daß der Kreml, ebenso wie etwas später die Regierung der DDR, den »Brief zur deutschen Einheit« entgegennahm, bevor die bilateralen Verträge unterzeichnet wurden, war und bleibt ein fundamentaler Faktor dessen, was man Deutschlandpolitik nennt.

Den deutschen Wunsch auf Einheit zu unterstützen und der »Brief zur deutschen Einheit« gegenüber unseren beiden wichtigsten östlichen Partnern sind und bleiben die Pfeiler, denen nichts mehr hinzuzufügen ist, solange es die beiden Staaten gibt. Weder ist die deutsche Frage geschlossener noch offener geworden seither.

Nichts ist hinzuzufügen oder wegzunehmen, seit im Grundlagenvertrag verankert ist, daß es die Frage der Nation gibt, auf die beide Staaten unterschiedliche Antworten geben. Auch das Kommuniqué am Ende des Honecker-Besuchs in Bonn konnte dem nichts hinzufügen. Das bedeutet: Soweit ich vorauszusehen vermag, wird es das Nebeneinander der beiden deutschen Staaten geben. Die politische Aufgabe heißt also: die deutschen Chancen in der Teilung suchen.

Das ist zuerst die Sicherheit. Je kürzer die Reichweite, um so deutscher die Wirkung, ist eine fundamentale Wahrheit. Aus ihr ergibt sich das gleichgerichtete Interesse zwischen DDR und Bundesrepublik, gleichgerichtet auch für alle unsere Parteien hier, dafür zu sorgen, daß es auch keinen konventionellen Konflikt geben kann. Wir sind insoweit Partner der DDR und umgekehrt: Im Falle eines Konflikts wären beide im Untergang vereint.

Es muß versucht werden, aus den gemeinsamen Interessen Initiativen zu formulieren, die beide Staaten in ihren Bündnissen mit dem Ziel der konventionellen Nichtangriffsfähigkeit einbringen. Es gilt, die deutsche Chance zu nutzen, die sich aus der geographischen Nähe der gemeinsamen Vergangenheit und der gemeinsamen Sprache ergeben. Diese deutschen Interessen werden um so besser zu fördern sein, je mehr sie den Interessen der deutschen Nachbarn entsprechen. Das verstehe ich unter der etwas holprigen Formel, daß von deutschem Boden Frieden ausgehen solle.

Wer sehr optimistisch ist, kann hoffen, bis zum Jahr 2000 konventionelle Stabilität vom Atlantik bis Ural zustande zu bringen. Das wäre die Voraussetzung, um daran zu gehen, Nato und Warschauer Vertrag durch ein gesamteuropäisches Sicherheitssystem abzulösen. Aber auch wer in den gegeneinander gerichteten Bündnissen die garantierte Zementierung der deutschen Teilung sieht, wird nicht an der Erkenntnis vorbeikommen, daß sich selbst nach der Beseitigung dieses Hindernisses die Frage der deutschen Einheit noch nicht stellt.

Wenn der Bundespräsident die Freiheit als Kern der deutschen Frage bezeichnet hat, bedeutet es nicht nur, daß der Raum der Freiheit nur im Frieden zu erweitern ist, sondern eben auch, daß es selbst bei gesichertem Frieden noch die Systemunterschiede geben wird.

Europäische Gemeinschaft und der Rat für gegenseitige Wirtschaftshilfe sind die Organisationsformen, in denen sich unterschiedliche Wirtschaftssysteme, aber eben auch unterschiedliche Ideologien organisiert haben. Honecker und Kohl sind sich einig, daß dies wie Feuer und Wasser ist, durch keinen Formelkompromiß aufhebbare Unterschiede.

Es gibt eben die Notwendigkeit, eine Kultur des Streits, nicht der Versöhnung, zu entwickeln, untergeordnet der obersten Priorität, den Frieden zu sichern. Die ideologische Auseinandersetzung wird weitergehen. Insofern ist sie der Kern der deutschen Frage, an dem sich zeigt, daß der schreckliche Satz aus dem finsteren Mittelalter noch immer gilt: cuius regio, eius religio. Die Grenze der modernen »Religionen« Kommunismus und Kapitalismus gehen mitten durch unser Land.

Und dennoch gibt es keinen Grund, unseren Anspruch auf Selbstbestimmung aufzugeben, Verträge oder Grundgesetz zu ändern. Wir sollten der Geschichte eine Chance lassen.

Diese Chance wird es nur geben, wenn es weiter Geschichte gibt. In dieser Zeit lohnt es nicht, von Einheit zu träumen, sondern Gemeinsamkeiten zwischen den beiden deutschen Staaten sind zu suchen, das möglichst weitgehende Miteinander ist zu organisieren, im Interesse der Deutschen.

Rede über das eigene Land: Deutschland
(1988)

Gorbatschow hatte den überschwenglichen Empfang bei seinem ersten Besuch in der Bundesrepublik dem richtigen Gefühl zu verdanken, daß er den Deutschen das Ende der Bedrohung aus dem Osten versprach und dieses Versprechen halten könnte. Abrüstung würde in Gang kommen, alte Feindbilder verblassen, die Deutschen könnten die Gemeinsamkeit ihrer Interessen formulieren und Vorschläge zum Bau des europäischen Hauses machen. Sogar taktisch würde es klug sein, jetzt nicht die Einheit zu plakatieren.

I.

Das Nachdenken über das eigene Land muß mit der Erkenntnis beginnen, wie klein, schwach und unwichtig wir geworden sind. Was spielt es schon für eine Rolle, daß wir geteilt sind, wenn wir geteilt bleiben, angesichts der größeren Probleme. Das wachsende Ozonloch, der Treibhauseffekt, beunruhigen bei uns mehr als die Teilung. Und das zu Recht; denn da gibt es eine wachsende Gefahr, und von Deutschland geht keine Gefahr mehr aus.

Europa kann zufrieden sein: Die Deutschen können nicht nur nicht mehr ihren Nachbarn gefährlich werden, sie wollen es auch gar nicht mehr. Wir wollten nicht mehr über andere herrschen: Das ist die große Veränderung in Deutschland seit den letzten fünfzig Jahren.

Hammer oder Amboß sein, ist keine deutsche Alternative mehr. Wenigstens nicht Amboß, wenigstens nicht Objekt sein: Selbstbestimmung ist das Ideal, das Ziel, dem wir nahe kommen wollen.

Nicht über andere herrschen, aber wenigstens selbst so wenig wie möglich beherrscht werden. Über uns selbstbestimmen wollen ist nicht nur ein friedliches Ziel, es ist überhaupt nur durch Frieden erreichbar. Deutschland ist ein Land des Friedens geworden. Krieg wäre das Ende. Sofern dies das Ziel der Sieger gewesen ist, in Jalta oder Potsdam, so haben wir es erreicht. Das Reich kann niemanden mehr bedrohen; vitales deutsches Interesse ist der unzerbrechbare Friede geworden.

Nun könnte man einwenden, die berühmte Formel der Adenauer-Zeit stimme nicht dazu, wonach es keinen Frieden in Europa gäbe, solange Deutschland geteilt ist. Aber das war teils kindlicher Trotz, teils Selbsttäuschung, teils Betrug, schon als es gesagt wurde; jedenfalls hat niemand Einheit durch Krieg gewollt oder gemacht. Die Abwesenheit von Krieg war als Friede in Europa ausreichend. Nur wer in den Begriff des Friedens mehr hineinlegt und damit den Ausgleich von Gesellschaften und Werten meint, wer also davon träumt, daß Kapitalismus und Kommunismus sich vermählen, der kann das tun. Er sagt damit allerdings erst recht, daß die Teilung erst überwunden wird, wenn sich Feuer und Wasser politisch mischen lassen. Kohl und Honecker waren sich einig: Das ist nicht zu erwarten, soweit sie sehen können; sie wollen es auch weder sehen noch versuchen.

Wir kennen Beschreibungen von Raumfahrern, die unseren kleinen verletzlichen blauen Planeten erblickt haben, wir kennen das Bild, den einzigen Platz für menschliches Leben, und die fanden, daß von dort gesehen die Probleme zwischen den Staaten klein, jedenfalls schwer zu verstehen sind. In der Tat, die Welt wird immer mehr zu einem globalen Dorf, das nach Regeln suchen muß, um sein globales Dorfleben nicht aus den Fugen geraten zu lassen. Aus dieser Sicht kann man wirklich lachen, daß es offenbar immer noch Schwierigkeiten macht, festzustellen, wo auf ein paar Kilometern in der Elbe die Grenze verläuft.

Klein sind unsere Probleme und unwichtig, gemessen am Dringlichen, und dringlicher ist fast alles: Hunger, Aids, Zerstörung der Umwelt, Bevölkerungsexplosion, regionale Konflikte, Waffenentwicklung und Rüstung. Verrückt wäre, wer in der heutigen Welt dennoch Deutschland über alles setzen wollte.

Selbst »Einigkeit und Recht und Freiheit für das deutsche Vaterland« ist mehr Anspruch als Programm. Programme gibt es für den Ausbau des Binnenmarktes, die Modernisierung von Raketen, den Ausbau der WEU, vielleicht sogar das Europäische Haus, aber weder für die deutsche Union, noch das deutsche Haus, gibt es Programme. Wer fühlt den Mangel?

Ich kenne die Formeln und habe sie selbst benutzt, von der Wiedervereinigung, die gebetsmühlenhaft wiederholt werden, als hätte sich in vierzig Jahren nichts Wesentliches verändert. Aber Gebetsmühlen können die Wirklichkeit nicht verändern.

Alle diese Probleme müssen gelöst werden, ohne daß sie mit der Lösung der deutschen Frage verbunden werden können oder dürfen. Und das heißt nach menschlichem Ermessen: Es wird die beiden deutschen Staaten geben, während des Abrüstungsprozesses, während die Westeuropäische Union versucht wird, während das Europäische Haus entworfen wird. Wer dabei die deutsche Frage aufwirft, stört Europa. Die Deutschen dürfen kein Störenfried mehr sein.

Ich habe Jahrzehnte gebraucht, um zu dieser Erkenntnis zu kommen, und es war weder leicht noch angenehm. Sie bedeutet: Auch am Ende dieser Prozesse wird es die beiden Staaten geben, also so weit wir nach vorn sehen können. Das muß man nicht nur wissen, sondern man muß es auch sagen und sogar wollen. Das ist unsere Freiheit, zu den beiden deutschen Staaten zu sagen: Ich will, weil ich muß. In der Teilung gibt es deutsche Chancen. Es gibt keine Chance, die deutschen Staaten zusammenzuführen. Gorbatschow hat Wichtigeres zu tun, der nächste Präsident der Vereinigten Staaten auch, Mitterrand sowieso und wir ebenfalls.

Klein, schwach und unwichtig sind die Deutschen geworden.

II.

Groß, stark und wichtig ist die Bundesrepublik in den annähernd vierzig Jahren seit ihrer Gründung geworden.

Was wäre die Europäische Gemeinschaft ohne die Bundesrepublik? Und das Nordatlantische Bündnis, ohne die Deutschen gegründet, wäre ohne seine Deutschen wie ein Krüppel, dem ein Bein amputiert wurde. Es ist doch so, daß unsere Republik ein unentbehrlicher Faktor für das geworden ist, was man den Westen nennt. Darin liegt unsere Stärke. Geographische Lage und wirtschaftliche Kraft addieren sich zu dem politischen Gewicht, das wir im Westen und auf den Westen haben. Wie weit und wozu wir unseren Einfluß nutzen, ist eine ganz andere Frage.

Als der Bundeskanzler kürzlich in Moskau war, konnte man deutsche Schwäche und deutsche Stärke nebeneinander fast gleichzeitig betrachten: Die Schwäche, als die sogenannte deutsche Frage aufgeworfen wurde, und die Stärke, als es um die davon unabhängige Frage wachsender Zusammenarbeit ging.

Nicht einen Millimeter über das hinaus kam der Kanzler, was in dem 1970 übergebenen »Brief zur deutschen Einheit« steht. Ein neues Kapitel unseres Verhältnisses zur Sowjetunion soll begonnen werden. In diesem Kapitel kommt die Lösung der deutschen Frage nicht vor. Der Kanzler war nicht so töricht, seine Schwäche, die deutsche Frage, über seine Stärke zu stellen, den Beziehungen zur Sowjetunion einen zentralen Platz einräumen zu können.

Er hat das eine erwähnt, das andere getan. Mehr noch: Nachdem Gorbatschow den bekannten sowjetischen Standpunkt schroff formulierte, hat Kohl zum Illusionisten erklärt, wer anderes erwartet hätte. Das verdient festgehalten zu werden. Diese »Lösung der deutschen Frage ist Illusion«. »Die Wiedervereinigung bleibt die vordringlichste Aufgabe deutscher Politik«, hat die CDU in ihrem neuen Programm beschlossen. Was Heuchelei war, als die Formel unter Adenauer beschlossen wurde, ist zur Illusion durch seinen Nachfolger verklärt worden. Das ist der Fortschritt.

Willy Brandt hat kürzlich die Wiedervereinigung als die Lebenslüge der Zweiten Deutschen Republik bezeichnet. Soweit ist Heiner Geißler noch nicht. Immerhin hat er dem ein historisches Fehlurteil bescheinigt, der glaube, »die Nation lasse sich in Grenzen von 19xy herstellen«. Gemeint war damit das Jahr 1937, und damals umfaßten die Grenzen mehr als das Gebiet von Bundesrepublik und DDR. Aber wenn mit dem Blick auf dies offensichtlich Unmögliche klar gemacht werden sollte, daß Einheit praktisch unmöglich ist, mißlang das. Flapsiger Ton und »Fehlurteil« wurden einem Mann bescheinigt, der dem »Nationalstaat alten Typs keine Zukunft« mehr gibt. Aber da die Union eine nationale Partei bleiben will, obwohl sie doch die Übernationalität Europas erstrebt, kam der Rückzug schnell: Er lautete: so sei es nicht gemeint gewesen, die Union halte an der Wiedervereinigung fest. Das ist Rückschritt; Rückschritt zur Illusion oder Lebenslüge.

Martin Walser hat hier an dieser Stelle die provozierende Formulierung gefunden. Wer beim Streit über Deutschland nicht sein Niveau riskiert, hat keines. Also will ich es einmal riskieren und unernst fröhlich spekulieren, was wohl wäre, wenn wir es ernst meinten mit der Wiedervereinigung als unserer vordringlichsten Aufgabe.

Der Kanzler hätte in Moskau etwa sagen müssen: Solange Sie, Herr Generalsekretär, nicht bereit sind, über mein Vordringlichstes zu reden, kommt für mich nicht in Frage, über ein Kapitel unserer Beziehung zu sprechen. Wie sehen die Bedingungen aus, unter denen Sie die DDR zur Disposition stellen? Natürlich ist mir die Einheit wichtiger als die Westeuropäische Union. Natürlich weiß ich, daß Nato und Einheit sich ausschließen. Natürlich bin ich bereit, aus der Nato auszutreten, wenn Sie die DDR aus dem Warschauer Pakt entlassen. Gesamtdeutschland, gerade noch verteidigungsfähig und so garantiert, können wir zum Kern einer europäischen Friedensordnung machen, die keinen mehr bedroht und Europa Stabilität und Angriffsunfähigkeit auf niedrigem Niveau gibt: das heißt, so können wir Sicherheit für alle in Europa schaffen. Und welche garantierten wirtschaftlichen Leistungen brauchen Sie dafür im Interesse der Perestrojka?

Der Kanzler hätte in Washington etwa sagen müssen: Herr Präsident, ich möchte Ihnen Ihre große Aufgabe erleichtern, Frieden zu schaffen mit immer weniger Waffen, Ihr Haushaltsdefizit in Ordnung zu bringen und Ihre Truppen in Europa reduzieren zu können. Nachdem die drei Mächte in den letzten dreißig Jahren nichts erreicht haben, habe ich beschlossen, die Wiedervereinigung wirklich zur vordringlichsten Aufgabe meiner Politik zu machen, das heißt, auch in eigener Verantwortung zu übernehmen. Natürlich bin ich dabei nicht so dumm wie einige meiner Freunde und glaube, die deutsche Einheit sei ohne die Zustimmung unserer Nachbarn im Osten und Westen erreichbar. Aber der Zustimmung unserer westlichen Freunde bin ich sozusagen vertraglich sicher, und die Zustimmung der Sowjetunion ist möglich. Wenn Gorbatschow nach Bonn kommt, wollen wir die deutsche Einheit als unmittelbares Ziel auf der Grundlage des Moskauer Vertrages und des damals übergebenen Briefes vereinbaren. Einheit jedenfalls ist wichtiger als Modernisierung von Raketen.

In Paris müßte der Kanzler dann sagen: Herr Präsident, ich kenne Ihr doppeltes Problem: Frankreich darf nicht als Land erscheinen, das die Lösung der deutschen Frage verhindert, kann aber keine Lösung zu Lasten der Sicherheit Frankreichs entstehen lassen. Das Problem ist nun lösbar. An Ihrer Ostgrenze wird ein angriffsunfähiges Deutschland entstehen, sogar ohne sowjetische Truppen und Raketen. Frankreich wird sicher sein und Deutschlands Wirtschaftskraft für lange Zeit gebunden durch wirtschaftliche Hilfe für Osteuropa. Wo anders als in Paris kann man Verständnis für die vitalen

Interessen der Nation erwarten? Mitglied der Europäischen Wirtschaftsgemeinschaft bleiben wir natürlich, aber die Einheit ist vordringlicher als die deutsch-französische Brigade.

Natürlich glaubt niemand, daß der Bundeskanzler so oder so ähnlich sein Niveau riskieren würde. Er hätte keines, würde er handeln, wie es sein Parteiprogramm verlangt. Ein Vorwurf ist doch nicht zu machen, wenn er die Stärke der Bundesrepublik als Teil des Westens nutzt und ihre gesamtdeutsche Schwäche als Ritual wohlanständigen deutschen Benehmens mitlaufen läßt, als läßliche Sünde gewissermaßen, für den Hausgebrauch, aus innerparteilicher Rücksicht, ohne staatspolitischen Belang. Na gut, über die reuigen Sünder sollte auch auf Erden Freude sein, aber unerträglich für die Glaubwürdigkeit unserer Republik, bei unseren Verbündeten im Westen wie bei unseren Partnern im Osten, wäre die Fortsetzung öffentlicher Sonntagsrederei, wonach die Wiedervereinigung vordringlichste Aufgabe deutscher Politik bleibt. Das ist objektiv und subjektiv Lüge, Heuchelei, die uns und andere vergiftet, politische Umweltverschmutzung.

III.

Bleibt der Anruf der Geschichte, die offen ist.

Das ist schön. Zum einen, weil niemand etwas gegen diese einfache Wahrheit sagen kann; zum anderen, weil diese Wahrheit uns die wohlige Beruhigung schafft, die heutigen Interessen wahrnehmen zu können, ohne Traum und Anspruch aufgeben zu müssen. Aber wenn wir schon die deutsche Frage der Unsicherheit, jedenfalls der Unbestimmbarkeit der Geschichte anvertrauen, so sollten wir uns bewußt machen, daß noch Anfang der siebziger Jahre die Formulierung, Wiedervereinigung sei nicht aktuelle Aufgabe, sondern ihrem Charakter nach Teil eines geschichtlichen Prozesses geworden, heftig angegriffen wurde. Heute galt sie dem Kanzler in Moskau als ausreichender deutscher Vorbehalt. Insofern war das wieder ein Fortschritt.

So verstanden ist die Offenheit der Geschichte ein weiterer Punkt, über den innenpolitisch nicht mehr gestritten werden muß. Aber da die Handlungen von heute morgen Geschichte sein werden, stellt sich die Frage nach unserem Ziel, aus der Europäischen Gemeinschaft bis 1993 einen Binnenmarkt zu machen, als Übergang zu einer politischen Union. Das entspricht unbezweifelbar dem Willen unserer Bürger, den Interessen unserer Republik, der politischen wie wirtschaftlichen Vernunft, die auf übernationale größere Zusammenschlüsse angesichts der amerikanischen, sowjetischen und japanischen Potenzen drängt, und das Grundgesetz hat sogar ausdrücklich den Weg zu einem Vereinten Europa geöffnet.

Verschlossen hat die Rechtsprechung des Bundesverfassungsgerichts allerdings Wege, die die Wiedervereinigung rechtlich hindern oder faktisch unmöglich machen können. In Karlsruhe ist die Pflicht für alle Staatsorgane der Bundesrepublik festgelegt worden, ihre Maßnahmen auf das Ziel der Einheit auszurichten und die Tauglichkeit für dieses Ziel jeweils als Maßstab ihrer Handlungen gelten zu lassen. Negativ bedeutet das für die Staatsorgane, alles zu unterlassen, was die Wiedervereinigung vereiteln oder einen Rechtstitel schaffen würde oder sich an der Begründung eines solchen Rechtstitels zu beteiligen, der ihr bei ihrem Streben nach diesem Ziel entgegengehalten werden kann.

Das gilt wohl alles oder jedenfalls weitgehend für einen europäischen Binnenmarkt, der unrevidierbar werden soll. Der Bundeskanzler hat die Unumkehrbarkeit zutreffend formuliert. Es soll eine Union geschaffen werden, nicht eine deutsche, sondern eine westeuropäische, in die sich die Bundesrepublik integriert. Der Charakter dieser Union muß unauflösbar sein. Das sagen nicht nur der Wille und die Logik, sondern auch die Vernunft.

Hier gibt es einen Widerspruch. Das Grundsgesetz will eine Revision des Status quo in Europa durch staatliche deutsche Einheit. Die Westeuropäische Union soll den Status quo unrevidierbar machen. Der europäische Binnenmarkt wird als Schritt gesehen, von den Christdemokratischen Parteien Westeuropas gerade bekräftigt, der über Sicherheitsunion zu einer Einheit führt, die politisch mit einer Sprache spricht und eine Verfassung erstreben würde, die über den Verfassungen ihrer Teile rangieren muß.

Dieser Widerspruch ist nicht neu. Sozialdemokraten haben vergeblich darauf hingewiesen, was der Nato-Eintritt für die Einheit bedeuten würde, und wenigstens eine Sondierung im Interesse der deutschen Chancen verlangt, ehe die militärische Westintegration ihre politischen Wirkungen entfaltet. Damals wurde in einem unvergessenen politischen Kampf von Männern der CDU, der SPD und der FDP erreicht, daß ein gesamtdeutscher Souverän nicht durch den Nato-Beitritt der Bundesrepublik gebunden würde. Die gesamtdeutsche Option blieb erhalten.

Selbstbestimmung für das deutsche Volk kann nicht durch die Bundesrepublik allein ausgeübt werden. Deutsche Selbstbestimmung kann nicht Anschluß der DDR sein. Wir können nicht über den Teil des deutschen Selbstbestimmungsrechts verfügen, den allein die Deutschen in der DDR besitzen. Ihr Recht darf nicht durch uns enteignet werden.

Die Bundesrepublik hat bei Abschluß der römischen Verträge einen entsprechenden Vorbehalt gemacht. Staatssekretär Hallstein hat den Bundestag von der ausdrücklichen Erklärung der Bundesregierung bei den Brüsseler Verhandlungen unterrichtet: »Die Bundesregierung geht von der Möglichkeit aus, daß im Fall der Wiedervereinigung Deutschlands eine Überprüfung der Verträge über den gemeinsamen Markt und Euratom stattfindet.«

Der Charakter des Binnenmarkts wird eine solche Überprüfung der Verträge ausschließen. Die Selbstbestimmung, ob sich ein gesamtdeutscher Souverän beteiligt oder nicht, ist dann faktisch unmöglich, und damit wäre der Binnenmarkt dieses Charakters nach der vorliegenden Rechtsprechung in bezug auf Einheit von Karlsruhe verboten.

Nun könnte man überlegen, allen unseren Vertragspartnern in Westeuropa zu notifizieren, welche Verpflichtungen das Grundgesetz beinhaltet, welcher Art die *raison d'être* des Provisoriums der Bundesrepublik Deutschland ist. Wenn schon nicht die Austrittsmöglichkeit, wie damals, als wir Nato-Mitglied wurden, dann wenigstens den Brief zur deutschen Einheit, den alle quittieren müßten, wie Moskau und Ostberlin es taten.

Bei solchen Gedanken fällt auf, daß dem Bundesverfassungsgericht niemals ein Urteil darüber abverlangt worden ist, ob europäische Integration und Einheit einander widersprechen. Erstaunlich, daß nur Ostverträge und Einheitsgebot auf ihre Vereinbarkeit überprüft wurden. Die nationale Haltung gegenüber dem Osten verlangte, worauf die übernationale gegenüber dem Westen verzichtete. Wo kein Kläger ist, ist auch kein Richter.

Aber solche Briefe zur deutschen Einheit würden wenig bewirken. Bekenntnis oder Beschwörung, daß es keinen Widerspruch zwischen Westeuropa und deutscher Einheit gäbe, sind zwar heute täglich zu hören, werden aber spätestens sinnlos, wirkungslos, gegenstandslos, wenn der Binnenmarkt seine neue Qualität entfaltet haben wird.

Denn die starke, aber milde Gewalt wirtschaftlicher Verflechtung ist ungleich größer als die Bindung eines militärischen Bündnisses. Man kann sich vorstellen, Nato und Warschauer Vertrag eines Tages zugunsten eines europäischen kollektiven Sicherheitssystems abzulösen. Wenn als Ergebnis von fünf- oder zehnjähriger Verhandlungen in Wien konventionelle Stabilität zwischen Atlantik und Ural auf niedrigem Niveau erreicht, Angriffsunfähigkeit garantiert ist und alles ein paar Jahre durch internationale Kontrollen narrensicher funktioniert hat, dann haben Nato und Warschauer Vertrag geleistet, was sie sollten, nämlich voreinander Sicherheit zu schaffen. Dann sind sie überflüssig und sollten einer europäischen Organisation gemeinsamer Sicherheit Platz machen.

Aber selbst wenn das gelingt, so schwer es heute erscheinen mag, wird das eben nicht die deutsche Frage lösen, denn dann wird die Verflechtung Westeuropas unauflöslich geworden sein.

Die Unumkehrbarkeit ist nicht nur Ziel, politisch, wirtschaftlich, währungsmäßig, sogar sozial, sie hat vielleicht den *point of no return* schon erreicht. Die Niederlassungsfreiheit, die ungehinderten Kapitalströme, die Bildung europäischer Konzerne, die arbeitsteiligen Produktionen, das alles läßt sich nicht mehr trennen. Wer da heraus wollte, würde sich selbst schaden. Das bedeutet: Alle Briefe zur deutschen Einheit werden wirkungslos. Sie könnten entgegengenommen werden, wenn unsere Partner der Bundesrepublik die Fortsetzung ihrer Lebenslüge schenken oder sie damit belasten wollen. Aber auch in Moskau und Ostberlin könnten diese Briefe mit dem Stempel »erledigt« versehen werden; denn alle Beteiligten in West und Ost wüßten: Eine Option für den gesamtdeutschen Souverän würde der Bundesrepublik schaden. Wiedervereinigung, wie das Bundesverfassungsgericht sie verlangt, ist mit den Interessen der Bundesrepublik dann nicht mehr zu vereinbaren. Wer Schaden von der Bundesrepublik abwenden will, muß insofern der verlangten Einheit Schaden zufügen.

Nach knapp vierzig Jahren unseres Grundgesetzes stoßen wir auf eine Schwäche, einen eingebauten Widerspruch. Die Väter konnten nicht ahnen, daß ihr Grundgesetz, erfolglos in seinen gesamtdeutschen Ansprüchen, vorzügliche Verfassung für den Teilstaat, in Widerspruch mit sich selbst geraten würde, nämlich mit den zwei Zielen: deutsche Einheit und Europa. 1949 war theoretisch beides vereinbar, 1993 wird das praktisch nicht mehr so sein. Der Punkt ist sichtbar geworden, wo die Quantität europäischer Verschmelzungen in eine Qualität umschlägt, die das Einheitsgebot, wie es bis zur Stunde ausgelegt wurde, faktisch unmöglich macht. Die zeitliche Begrenzung für eine Union wäre ein Widerspruch in sich selbst; eine Kündigungsklausel für den Binnenmarkt wertlos; denn sie könnte nur unter unzumutbaren eigenen Schäden in Anspruch genommen werden. Und sie würde anderen schaden: Eine Kündigungsklausel wäre für den Binnenmarkt wie eine Eheschließung mit erklärter Scheidungsabsicht.

Die Geschichte war auch 1949 offen. Die Väter des Grundgesetzes haben der Einheit Vorrang gegeben, aber den Weg zu Europa geöffnet. Die Geschichte ist darüber hinweggegangen. Sie hat die Realität der Westeuropäischen Gemeinschaft mit der Bundesrepublik geschaffen; diese Realität hat den Anspruch des Grundgesetzes mit seiner Priorität beiseite geschoben. Wie wir damit fertig werden, ist unsere Sache. Es kümmert Europa nicht.

Es geschieht, es soll geschehen nach allgemeiner Auffassung, und es wird geschehen faktisch, was nach dem Spruch des Bundesverfassungsgerichts faktisch nicht geschehen darf. Mit einer theoretischen Einschränkung: Die Aufnahme des anderen deutschen Staates in die Europäische Gemeinschaft wäre verfassungsrechtlich problemlos. Aber politisch träte eine neue Illusion an die Stelle der alten, wenn das zur erklärten Politik würde; denn genau genommen hieße das: Einheit bleibt nur als Anschluß der DDR möglich. Das wäre dann zwar nicht mehr die Selbstbestimmung eines freien deutschen Staates, aber für einen freiwilligen Anschluß der DDR an die Europäische Gemeinschaft, nicht wie der Österreichs ans Reich natürlich, dazu blieben wir bereit. Das wäre die Spekulation auf die politische Kapitulation Moskaus und des Warschauer Vertrages. Davor ist zu warnen. Ich zweifle im übrigen, ob unsere westlichen Partner damit sehr einverstanden wären; bewußt oder unbewußt hat die Bundesregierung ihnen nicht einmal eine solche Bereitschaftserklärung zur Aufnahme der DDR vor dem Schritt zum Binnenmarkt abverlangt.

Jedenfalls war die Geschichte 1949 offener für die deutschen Dinge, als sie es heute ist, und sie wird in zehn Jahren abermals geschlossener geworden sein, gemessen an dem, was wir gewollt haben. Wir sagen oft, daß die deutsche Frage erst in der europäischen Friedensordnung gelöst wird; könnte die Geschichte nicht dazu führen, daß die europäische Einheit die deutsche Teilung verlangt?

Vor einem Jahr habe ich mich gewundert, daß wir von anderen erwarten, sie würden uns die Selbstbestimmung auf einem silbernen Tablett servieren, ohne sie aber für uns selbst als Stück eigener Verantwortung zu fordern. In der angeblich so wichtigen Frage der deutschen Einheit haben wir keine Souveränität, und wir verlangen sie auch nicht. Sie liegt bei den vier Mächten. Insoweit ist das Grundgesetz nie in Kraft getreten. Wer Selbstbestimmung will, müßte logisch den Friedensvertrag wollen. Nach Lage der Dinge könnte es sich nur um zwei Friedensverträge für die beiden deutschen Staaten handeln. Warum sollen annähernd vierzig Jahre nach ihrer Gründung die beiden deutschen Staaten nicht die Rechte haben, über die alle anderen europäischen Staaten verfügen, ihre Dinge selbst in die Hand zu nehmen? Sie blieben doch gebunden genug, militärisch und wirtschaftlich in Bündnissen und Gemeinschaften, um nirgendwo Sorgen entstehen zu lassen. Vor einem Jahr hat mich das Nachdenken zu der Auffassung geführt, daß es einen einzigen Grund gibt, nicht jetzt die Friedensverträge zu fordern: Niemand hat Zeit und Lust, diese Probleme anzugehen; die Sicherheit ist wichtiger, und die Herstellung der konventionellen Stabilität zwischen Atlantik und Ural auf niedrigem Niveau ist eben wichtiger als das Deutsche, auch für uns Deutsche. Aber wenn dies Ziel erreicht sein würde, wären die beiden Friedensverträge fällig. Das wäre dann nicht Einheit in Freiheit, aber Freiheit zum Frieden.

Heute bin ich der Auffassung, daß dafür die Zeit schon reif sein wird, wenn die Westeuropäische Union ihre Unauflösbarkeit erreicht hat. Mehr noch: der Weg in die Westeuropäische Union wird der Traum von dem einen Friedensvertrag für Deutschland beenden. Dieser Weg führt zwangsläufig zu zwei Friedensverträgen, weil er das notwendige Objekt eines Friedensvertrages, Deutschland, nicht mehr vorstellbar macht. Das ist die harte politische Wirklichkeit, wie ich sie sehe. Es sei denn, man wollte allein die Deutschen in einem Status minderen Rechts in Europa lassen. Das wird niemand wagen auszusprechen. Wann also, so ist zu fragen, soll dann der Augenblick gekommen sein, die Deutschen frei zu machen, ihr Selbstbestimmungsrecht auch selbst verantworten oder suchen zu können?

IV.

Im Zeitalter der gegenseitig gesicherten Zerstörung mit der Zweitschlagsfähigkeit beider Seiten und ihren phantastischen Overkill-Kapazitäten gibt es keine Hoffnung auf Sieg mehr. Es gibt nur noch gemeinsame Sicherheit. Wieviel Waffen auch jede Seite häuft, die andere zieht nach. Keiner kann mehr gewinnen. Das hat es in der Menschheitsgeschichte noch nicht gegeben. Noch glauben wir uns voreinander schützen zu müssen, aber es wird schon deutlich, daß wir uns nur miteinander wirklich schützen können. Amerika und die Sowjetunion versuchen das auf der strategischen Ebene der interkontinentalen Waffen, Europa wird es auf konventionellem Gebiet versuchen.

Im Falle eines Konfliktes würde nicht nur die Bundesrepublik zerstört, sondern auch die DDR. Im Untergang wären wir vereint. Wir werden gemeinsam leben oder gemeinsam sterben. Getrennt, in verschiedenen Bündnissen organisiert, sind wir doch Partner des Überlebens geworden. Die Aufgabe ist gewaltig: Wir suchen die Sicherheit, die Geschichte der Kriege in Europa hinter uns zu lassen. Der Friede muß unzerbrechbar werden. Selbst ein rein konventioneller Krieg wäre das Ende unserer Hochzivilisation mit ihren Kernreaktoren, chemischen Werken und Abhängigkeiten von Elektrizität. Die Vernunft befiehlt dieses Ziel, ohne daß wir wissen, ob wir es erreichen werden. Aber wir wissen, daß wir nicht scheitern dürfen, gemeinsame Sicherheit zu organisieren.

Andere sprechen von gegenseitiger Sicherheit, und in der Tat: Die Lager stehen sich gegenüber, die Ideologien stehen sich gegenüber, die Wirtschaftssysteme und die Militärmaschinerie auch. Jeder bleibt auf seiner Seite und sucht Sicherheit mit dem anderen, aber voreinander. Gleichzeitig tauchen ganz neue Probleme auf: Umweltschäden können irreparabel werden, das Ozonloch bedroht Kapitalisten wie Kommunisten, der Treibhauseffekt würde keinen Unterschied zwischen Ost und West machen. Das sind Gefahren, denen sich die Menschheit gegenübersieht. Die Lager, die Bündnisse, die Systeme stehen nebeneinander und miteinander vor diesen Bedrohungen. Während sich noch Ost und West potentiell bedrohen, stehen beide schon gemeinsamen Bedrohungen gegenüber, und sie werden sie ohne jeden Zweifel nur gemeinsam überwinden können. Unsere Idee der gemeinsamen Sicherheit, als Maxime des atomaren Zeitalters entwickelt, ist in einem viel umfassenderen Sinne die Maxime für das allgemeine Überleben der Menschheit geworden. Diese umfassende gemeinsame Sicherheit verlangt gemeinsame Verantwortung. Wissenschaft und Politik werden die Regeln zu entwickeln haben, nach denen sich die Staaten, diese Familien des globalen Dorfes, richten müssen, damit kein allgemeiner Notstand eintritt.

In seiner Schlußbetrachtung in der Propyläen-Weltgeschichte erinnert Golo Mann an Immanuel Kant, der 1784 die Bedrohung des Jahres 1961 vorausgesehen habe. »Der Mensch würde sich bis zu einem Punkt manövrieren, auf dem ihm, wenn er nicht die Zerstörung alles bisher Erreichten erwählen will, nichts anderes als sein ›Gesetz des Gleichgewichts‹ und eine ›vereinigte Gewalt‹, mithin ein weltbürgerlicher Zustand der öffentlichen Staatsgewalt, einen Völkerbund zu wählen übrig bleibt; eben das, was ihm ›die Vernunft auch ohne so viel traurige Erfahrung hätte sagen können‹.« Als diese Schlußbetrachtung 1961 geschrieben wurde, war das also schon erkennbar; heute, fast eine Generation später, wissen wir: was damals vermutet wurde, stimmt. Es ist eine kategorische Realität geworden. Die Vernunft ist unsere Hoffnung, ebenso kategorisch. Vernunft ist die Einsicht in das Ganze, hat Carl-Friedrich von Weizsäcker gerade formuliert. Und bei uns gibt es Leute, die auf den deutschen Anspruch pochen wie Shylock auf sein Pfund Fleisch.

Der Abstand zwischen dem, was nötig und möglich wäre, und der Tagespolitik ist erschreckend. Während wir die Hilfe aller Staaten des Warschauer Paktes brauchen, um Europas Umwelt zu bewahren, streiten wir, ob wir Gorbatschow helfen sollen. Während modernste Mittelstreckenraketen verschrottet werden, werden neue, noch modernere entwickelt. Während wir auf der einen Seite die ersten Schritte der gemeinsamen Sicherheit gehen, geht die Diskussion innerhalb des Westens weiter, als ob die Konfrontation mit dem Warschauer Pakt unüberwindbar wäre. Während die Zeit drängt und der Osten drängt, überflüssige Überlegenheiten los zu werden, überlegen wir, ob Flugzeuge nicht sofort, sondern erst etwas später verhandelt werden sollen. Als ginge es noch um kleine Finessen und Vorteile statt um den nicht einmal besonderen Mut, dem Osten ein großes Angebot als Partner der gemeinsamen Sicherheit im Europäischen Haus zu machen. Das ist es, was getestet werden muß, und da muß alles auf den Tisch. Ehrlichkeit und Offenheit sind nötig und leicht, weil beide Seiten ja doch schon genau wissen, was der andere hat. Verbergen läßt sich nichts, und kontrollieren läßt sich alles. Neues Denken ist wahrlich auch im Westen nötig.

V.

Was bedeutet das alles nun praktisch für eine neue Phase unserer Politik, nachdem der Grundlagenvertrag weitgehend ausgefüllt worden ist, allerdings bis auf einen Punkt. Der Artikel 5 ist damals, vor fast genau 16 Jahren, fast überlesen, jedenfalls nicht umstritten gewesen. Er enthielt, wohlüberlegt, ein Programm, das aus mancherlei Gründen erst jetzt aktuell wird:

»Die Bundesrepublik Deutschland und die Deutsche Demokratische Republik werden friedliche Beziehungen zwischen den europäischen Staaten fördern und zur Sicherheit und Zusammenarbeit in Europa beitragen.

Sie unterstützen die Bemühungen um eine Verminderung der Rüstung der Streitkräfte in Europa, ohne daß dadurch Nachteile für die Sicherheit der Beteiligten entstehen dürfen.

Die Bundesrepublik Deutschland und die Deutsche Demokratische Republik werden mit dem Ziel einer allgemeinen und vollständigen Abrüstung unter wirksamer internationaler Kontrolle der internationalen Sicherheit dienende Bemühungen um Rüstungsbegrenzung und Abrüstung, insbesondere auf dem Gebiet der Kernwaffen und anderen Massenvernichtungswaffen, unterstützen.«

Dieser Text stellt keine Absichtserklärung dar; er ist operative verbindliche Verpflichtung beider Staaten. Die Zeit ist gekommen, diese Verpflichtung einzulösen.

Nachdem wir das Nebeneinander organisiert haben, ist die Zeit gekommen, das Miteinander im Interesse der europäischen Sicherheit zu organisieren. Wir brauchen Bürde und Nachteil der europäischen wie deutschen Teilung nicht zu vergessen; aber statt darüber zu jammern oder Luftschlösser zu bauen, sollten wir den Vorteil suchen und gewinnen, daß auf jeder Seite ein deutscher Staat existiert. Es sollte zu einem Vorteil für Europa gemacht werden, daß diese beiden Staaten, statt die Nachbarn mit ihren Querelen zu behelligen, ihre Verantwortungsgemeinschaft für den Frieden anerkannt haben. So nötig jeder dieser Staaten für sein Bündnis im Kalten Krieg war, so unentbehrlich sind beide, wenn Stabilität für Europa geschaffen werden soll. Europa kann sich gratulieren, wenn Bundesrepublik und DDR Vorschläge machen, die bis zur Angriffsfähigkeit in Europa führen sollen. Für uns allein brauchen wir das nicht, können wir das nicht; denn wir sind allein oder gegeneinander gar nicht souverän genug, um etwa Krieg beginnen zu können. Wir sind kriegsfähig oder angriffsfähig nur als Teil unserer Bündnisse.

Alle Vorschläge, die wir entwickeln, können also nur dazu dienen, die Bündnisse angriffsunfähig, also einen Krieg unmöglich zu machen, der eben nicht nur uns, sondern alle Nachbarn existentiell gefährden würde. Vorschläge der beiden Staaten haben nur den Sinn, zu einem sicheren Fundament des Europäischen Hauses beizutragen.

Kurz: Die beiden Staaten sollten ein Motor konventioneller Stabilität auf niedrigem Niveau werden. Europa kann froh sein, weil beide ihre Vorschläge in Kenntnis der Interessen ihrer jeweiligen Verbündeten, der Sorgen und Wünsche ihrer Freunde machen und nur mit diesen verwirklichen können, gewissermaßen als späte Wiedergutmachung Deutschlands für das, was es Europa angetan hat.

Fünfzig Jahre werden seither im nächsten Jahr vergangen sein. Und nachdem in diesem Jahr die Erinnerung an die sogenannte Kristallnacht hüben wie drüben mit Repräsentanten von hüben und drüben würdig und ohne Mißtöne lebendig werden konnte, wird das wohl erst recht im nächsten Jahre geschehen sollen; denn begonnen hat keiner der beiden Staaten den Krieg, sondern das Reich, und von der Wilhelmstraße in Berlin ging das aus, ohne daß wir deshalb der DDR einen Alleinvertretungsanspruch deutscher Schuld hinüberschieben wollten.

Es gibt vieles, was die beiden Staaten vorschlagen könnten: Weitere vertrauensbildende Maßnahmen mit europäischer Dimension und Organisation, zum Beispiel: Sie könnten für die Verringerung von Zahl und Umfang von Manövern eintreten; sie könnten überlegen, wie man einen Deckel auf den Topf weiterer Rüstungen macht, denn wir haben ja noch genug mit dem zu tun, was vorhanden ist; sie könnten mutige erste Schritte beraten, um Überraschungsangriffe auszuschließen; und ist denn undenkbar, daß beide Seiten sich verpflichten, unter keinen Umständen zuerst aufeinander zu schießen, weder konventionell noch atomar, wo es doch das Ziel beider Bündnisse ist, gerade diesen Zustand sicher zu erreichen?

Weder die weitergeltenden Rechte der vier Mächte für Deutschland als Ganzes oder der Status von Berlin noch der Brief zur Deutschen Einheit, das Grundgesetz oder der Grundlagenvertrag mit seiner innerstaatliches Recht überlagernden Festschreibung der nationalen Frage dürfen in der vor uns liegenden Phase verhindern, das Nötige und Mögliche zu tun. Das eine bleibt, das andere muß hinzugefügt werden.

Während also an den Konstruktionsplänen für ein sicheres Fundament des Europäischen Hauses gearbeitet wird, ist der Osten in einen tiefgreifenden Prozeß der Wandlung eingetreten. Niemand kann das Ergebnis vorhersagen. Lange unterdrückte oder geleugnete Probleme treten mit elementarer Kraft an die Oberfläche. Zu hoffen ist, daß sie beherrschbar bleiben; denn mit destabilen Partnern kann man kein Haus bauen.

Auch unter diesem Gesichtspunkt ist erst recht erforderlich, einen Zustand herbeizuführen, der jeden Rückfall in eine Androhung von Gewalt potentiell unmöglich macht. Die wirksamste Hilfe besteht in einer Entlastung von Rüstungsbürden, die unmittelbar begründete Aussicht auf einen gehobenen Versorgungs- und Lebensstandard eröffnet. Da geht es um größere Mittel als Kredite.

Die Unterschiedlichkeit wächst, in der sich die osteuropäischen Staaten entwickeln. Das gilt auch für die DDR gegenüber der Sowjetunion. Es ist schon seltsam, daß dort nicht mehr zu hören ist: Von der Sowjetunion lernen, heißt siegen lernen, während hier darüber räsoniert wird, warum denn die DDR nicht in jedem Punkt der Sowjetunion folgt. Die völlige Gleichschaltung der DDR mit der Sowjetunion ist doch nie unser Interesse gewesen.

Wir haben ein Interesse an einer stabilen DDR. Wir sehen ihre Probleme. Mit der immer weiteren Zunahme von Ausreisen und Reisen können sie nicht gelöst werden. Auch nicht mit Ausweisungen, die erfolgen, weil man sich zu lange Verhaftungen nicht leisten will. Das ist im Vergleich zu früher eine positive Entwicklung; aber sie kann mir gerade als Sozialdemokrat nicht genügen, und es kann auch der DDR auf Dauer nicht reichen. Jeder Versuch, ihre Menschen von Informationen aus dem Westen abzuschotten, ist unmöglich; damit ist auch unmöglich, sie von dem abzuschotten, was an aufregenden geistigen Auseinandersetzungen, auch über die eigene Vergangenheit, in der Sowjetunion geschieht. Mit dem Verbot von Schriften hat es noch keine Regierung geschafft, Gedanken zu verbieten, wenn sie stark genug waren, die Hirne der Menschen zu bewegen.

In den Menschen der DDR sind ebenso wie in Polen, der ČSSR oder Ungarn geschichtliche Erfahrungen vorhanden, die Rußland und seine Völker nie machen konnten. Deshalb scheint es wahrscheinlich, daß wenn nun in der Sowjetunion der erregende Weg eingeschlagen wurde, solche Erfahrungen nachzuholen, die Menschen in Mitteleuropa sich nicht überholen lassen wollen. Daß der mündige Bürger schwerer regierbar geworden ist, beklagen auch westliche Staatsmänner. Aber ohne mündige Bürger kann keine hochindustrielle Gesellschaft bestehen. Immunschwäche gegenüber neuen faszinierenden Gedanken zeigt sich in Ost wie West. Das ist sogar unsere Hoffnung. Auch für die DDR.

VI.

Wenn ich das Nachdenken über das eigene Land bündele, so ergibt sich die westliche Stärke, die gesamtdeutsche Schwäche der Bundesrepublik; unser spezifisches Gewicht könnte wachsen ohne die Last der Wiedervereinigungsillusion. Frei von ihr sagen wir ja zu einer starken Bundesrepublik Deutschland, zu einer starken DDR, beide so selbständig wie möglich im Rahmen ihrer Bündnisloyalität; beide frei zu einer Verantwortungsgemeinschaft, die erst aus der Teilung wächst, damit Krieg nie wieder von Deutschland ausgehen kann. Beide Staaten sollten frei werden, durch eigene Vorschläge im Interesse ihrer europäischen Nachbarn, Vertrauen und unzerbrechbare Sicherheit zu schaffen als festes Fundament des Europäischen Hauses.

Die alte deutsche Frage liegt hinter uns wie die alte Geschichte der europäischen unabhängigen Nationalstaaten. Rückkehr ist nicht mehr offen. Offen ist nur der Weg nach vorn zu internationaler Zusammenarbeit, zu Zusammenschlüssen, um Kraft für die neuen Aufgaben zu finden. Der vor uns liegende Abschnitt der Geschichte erfordert neue Antworten. Die alten Feindbilder, die alten Konzepte, die alten Strategien, der alte Nationalismus, das ist alles noch nicht tot, aber es hat seine Kraft verloren. In Europa und darüber hinaus werden neue Konzepte, neue Strategien, neue Partnerschaften sichtbar, die noch nach Organisation und Regeln suchen, und dafür müssen die Deutschen ihre neuen, dazu passenden Antworten geben. Wir sollten anerkennen, daß es in überschaubarer Zukunft nicht um staatliche Einheit, sondern um deutsche Gemeinsamkeit geht. Es ist so einfach zu sagen, die deutschen Chancen in der Teilung zu suchen, aber für viele noch schwer, es zu tun.

Nach all dem komme ich nochmals zurück zu Martin Walser und seinem Bericht über die eigene Erfahrung mit Deutschland. Ich teile seinen Schmerz über die Teilung. Wenn ich drüben durch Thüringen fahre, wo ich geboren bin, oder durch Mecklenburg mit seinem weiten Himmel oder durch Brandenburg mit seinen Wegweisern zu Fontanes Wanderungen oder von Torgau nach Dresden, wo die Elbe seit der Kindheit geschrumpft scheint, dann – so darf man wohl in deutscher Sprache sagen – geht mir das Herz auf. Das ist mein Land und es kann niemals Ausland werden. Und ich hoffe, ohne die Frage zu wagen, daß Besucher von drüben sich hier nicht fremd fühlen. Das ist auch ihr Land. Es ist gut, unter Freunden zu sein, in Frankreich, Italien, Amerika, Skandinavien, in der Sowjetunion, Polen, Ungarn oder anderswo. Es gibt herrliche Landschaften überall und Unvergeßliches, aber ich empfinde mich dort in der Fremde, heimisch nur in unseren beiden Staaten.

Gefühl und Verstand sind nicht im Widerspruch: Wenn von bevorzugten Beziehungen die Rede ist, kann nur die DDR gemeint sein. Getrennt aber gemeinsam sollten wir versuchen, die Chancen im Europäischen Haus zu suchen.

Sicherheit durch Annäherung
(1990)

Im Frühjahr 1990 wurde absehbar, daß die Einheit schneller kommen würde als europäische Sicherheitsvereinbarungen. Aber das Ende der Ost-West-Konfrontation verlangt europäische Strukturen – erst recht nach der Einheit –, wenn die europäische Spaltung überwunden werden soll. Es ist anzunehmen, daß eine Reihe von Überlegungen, wie sie in dem nachfolgend abgedruckten Aufsatz in der *Zeit* formuliert wurden, auch weiterhin, das heißt nach der Unterzeichnung des konventionellen Abrüstungsabkommens im November in Paris, relevant bleiben.

I.

In den letzten vierzig Jahren hat Deutschland seine Sicherheit geteilt, in zwei gegeneinander gerichteten Bündnissen gefunden: Sicherheit für Deutschland war Sicherheit über Deutschland. Europa war damit zufrieden und Deutschland auch, soweit es seine Sicherheit betraf; der Mangel an Souveränität schmerzte nicht. Die Aufgabe heute lautet, Europa zufrieden mit der deutschen Einheit zu machen.

Sicherheit vor Deutschland wollen die Völker in Ost und West, die Großen wie die Kleinen. Die Lösung kann also nur europäisch sein. Ost und West müssen zusammenwirken. Das Gegeneinander muß vom Miteinander abgelöst werden. Die Ausdehnung der Nato, dieses erfolgreichen Instruments der vierzigjährigen konfrontativen Sicherheit nach Osten, bringt diese Sicherheit nicht. Denn Polen, Tschechen und Ungarn mit ihren freigewählten demokratischen Regierungen werden sich nicht in die Strukturen des Warschauer Vertrages einsperren lassen, ebensowenig wie die DDR. Insofern sind Prag, Budapest, Warschau und Berlin in einer vergleichbaren Lage mit ähnlichen Interessen. Keine Regelung kann stabil sein, die das Selbstbestimmungsrecht dieser mittel/osteuropäischen Völker weniger ernst nimmt als das deutsche.

Daß die Sicherheitsinteressen der Sowjetunion berücksichtigt werden sollen, ist von Washington bis Bonn unumstritten. Die Lösung soll also Moskau nicht ausschließen, sondern einschließen, zumal die originären Rechte der Sowjetunion in Deutschland unkündbar sind, also nur einvernehmlich durch Vertrag abgelöst werden können.

II.

Glücklicherweise sind die erforderlichen gesamteuropäischen Prinzipien schon 1975 in Helsinki formuliert worden. Unglücklicherweise handelt es sich bei dieser Schlußakte der »Konferenz für Sicherheit und Zusammenarbeit in Europa (KSZE)« weder um einen völkerrechtlichen Vertrag noch um eine Organisation. Sie ist eine Armee ohne Waffen und Kommando. Gemessen daran hat sie eine erstaunliche politische Kraft entwickelt, aber man kann ihr nicht die Sicherheit anvertrauen.

Die Folgerung ist, theoretisch, einfach. Die KSZE muß zu einem Bündnis gemacht werden, mit allen erforderlichen Institutionen, funktions- und kontrollfähigen Organen und Strukturen auf der Grundlage eines völkerrechtlichen Vertrages. Solange das nicht der Fall ist, kann sie die bisher funktionierenden Instrumente der Sicherheit nur ergänzen, nicht ersetzen.

Das Tempo zur deutschen Einheit und das Fehlen entsprechender neuer, verläßlicher Sicherheitsstrukturen hat zu der Diskussion über die Ausdehnung der Nato, die Veränderung ihres militärischen Charakters, einer neuen Strategie und einer veränderten Struktur des Warschauer Vertrages geführt, wobei man bei letzteren aus der militärischen Not eine politische Tugend machen will. Diese alten Instrumente müssen zu Hilfskonstruktionen genutzt werden, weil es neue so schnell nicht gibt. Doch Hilfskonstruktionen sind nicht stabil; auch wenn das Provisorium der deutschen Teilung schließlich vierzig Jahre gehalten hat, so könnte für Europa ein Sicherheitsprovisorium fatal, sogar gefährlich werden.

III.

Wir können souverän und europäisch genug sein, um auszusprechen, daß ein Kern des Problems die Kontrolle über die deutschen

Streitkräfte ist. Bislang wurde es durch die Organisation der Nato und des Warschauer Vertrages gelöst.

Es liegt nahe, wenn Amerika der Sowjetunion die Kontrolle durch die Nato auch für ein vereintes Deutschland verspricht. Aber die Nato wird als Instrument der Kontrolle über Deutschland keinen Bestand haben. Mit einem Sonderstatus für das Gebiet der ehemaligen DDR, also mit der Fortsetzung der Teilung für das in allen anderen Fragen vereinte Deutschland allein auf dem Gebiet der Sicherheitspolitik – das würde nach Normalität und Einheit geradezu schreien. Es wäre das Gegenteil von Stabilität.

Der militärische Kern der Nato ist die integrierte Kommandostruktur mit seiner Kontrolle über die Bundeswehr. Er müßte also erhalten werden, um die Vollmitgliedschaft der Nato für ganz Deutschland der Sowjetunion schmackhaft zu machen. Aber gerade der militärische Charakter soll hinter dem politischen zurücktreten. Dieser Widerspruch wird um so gravierender, als eine neue Strategie des Atlantischen Bündnisses erst im nächsten Jahr formuliert sein wird.

Die Sowjetunion soll die Katze im Sack kaufen: Ohne zu wissen, ob Vorneverteidigung, atomarer Ersteinsatz und Strategie der flexiblen Antwort verändert werden, ob luftgestützte Mittelstreckenraketen an die Stelle der wegverhandelten Pershing II kommen. Die Nato wird sich kaum vorschreiben lassen, welche qualitativ neuen Waffensysteme sie im Interesse ihrer Sicherheit für notwendig halten mag. Eine unbegrenzte Modernisierungsoption der Nato jedoch würde eine europäische Partnerschaft töten, bevor sie geboren ist. Kann man der Sowjetunion in ihrer gegenwärtigen Schwäche diese Zugeständnisse für zwanzig bis dreißig Milliarden Dollar abkaufen? Das wäre die Fortsetzung des alten konfrontativen Denkens. Daraus kann nicht die Zukunft eines stabilen friedlichen Europa erwachsen.

Ein sicherheitspolitischer Kern der Nato besteht in der Institutionalisierung der amerikanischen Präsenz in Europa. Das amerikanische Interesse daran ist um so verständlicher, als die andere Grundlage der amerikanischen Anwesenheit im Zentrum Europas, nämlich das unkündbare originäre Siegerrecht, in überschaubarer Zeit aufgegeben werden wird. Es ist auch wohl deutsches wie europäisches Interesse, daß Amerika mit Streitkräften in Europa bleibt. Auch die Sowjetunion teilt dieses Interesse.

IV.

Ein europäisches Sicherheitssystem braucht ein politisches Entscheidungsgremium, eine integrierte Kommandostruktur, in dem qualifizierte Mehrheitsentscheidungen nicht durch ein Veto blockiert werden können, und Streitkräfte, die notwendigenfalls diese Entscheidung ausführen. Für diese Kommandostruktur könnten die Nato-Institutionen Vorbild sein. Sie sind wirksamer als die des Warschauer Vertrages.

Ein Beitritt der Sowjetunion und ihrer europäischen Verbündeten zum Nordatlantischen Bündnis und seine entsprechende Umbenennung würde viele Probleme lösen und eine europäisch/atlantische Sicherheitsgesellschaft schaffen. Aber der Mut zu dieser Konsequenz ist wohl nicht so schnell zu erwarten. Schon eine Assoziierung der Warschauer Vertragsstaaten an die Nato würde etwas prinzipiell Neues einleiten. Es könnte sich lohnen, die politischen und militärischen Voraussetzungen zu erörtern, um eine solche Verbindung der beiden Bündnisse zu erreichen. Eine deutsch-polnische Brigade hätte mehr als die Symbolkraft der deutsch-französischen.

Eine Europäische Sicherheitsgemeinschaft (ESG), die den Rückfall in das Neben- und Gegeneinander bindungsfreier Nationalstaaten ausschließt, verlangt von seinen Mitgliedern:

1. Friedenshaltungspflicht: Sie übernehmen die Gebote des Dekaloges der KSZE-Schlußakte rechtsverbindlich und enthalten sich friedensgefährdender Handlungen untereinander und nach außen.
2. Friedensförderungspflicht: Sie entwickeln enge wirtschaftliche Beziehungen mit dem Ziel, die inneren politischen und gesellschaftlichen Voraussetzungen eines stabilen Friedens zu stärken und dem Entstehen feindseliger Einstellungen vorzubeugen.
3. Schiedspflicht: Sie unterwerfen Konflikte zwischen ihnen einem schiedsgerichtlichen Schlichtungsverfahren; wer sich diesem Verfahren entzieht und zu Mitteln der Gewalt greift, gilt als Aggressor.
4. Beistandspflicht: Sie sichern sich gegenseitigen Beistand im Falle des Angriffs auf eines oder mehrere von ihnen zu, unabhängig davon, ob der Angriff von einem Mitglied oder Nichtmitglied der Sicherheitsgemeinschaft ausgeht.
5. Bündnisverzicht: Sie verzichten auf die Mitgliedschaft in militä-

rischen Bündnissen, die gegen die Gemeinschaft oder einzelne ihrer Mitglieder gerichtet sind.

6. Souveränitätsverzicht: Sie übertragen staatliche Souveränitätsrechte zur Erfüllung des Vertragszwecks auf Organe der Gemeinschaft.

7. Rüstungsbegrenzungspflicht: Sie begrenzen ihre Streitkräfte und Rüstungen nach einem Schlüssel angemessener Proportionalität. Das gilt auch für Modernisierung und Einführung qualitativ neuer Waffensysteme.

Ein solches gesamteuropäisches Sicherheitssystem verlangt einen Zeitbedarf an Verhandlungen und Implementierung, der nicht vorhanden ist, wenn beide deutsche Regierungen an ihrem Standpunkt festhalten, daß alliierte Rechte beendet und Sicherheitsregelungen einvernehmlich getroffen sein müssen, wenn die deutsche Einheit vollzogen wird.

Es liegt deshalb nahe, die Europäische Sicherheitsgemeinschaft in Zentraleuropa zu beginnen, also für die in Wien schon festgelegte Region, die aus Dänemark, den Benelux-Staaten, den beiden deutschen Staaten, Polen, Ungarn und der ČSFR besteht. Auf diese Region konzentrieren sich die Verhandlungen in Wien, weil es in ihr die größte Dichte von Streitkräften und Waffen gibt; für diese Region wollen die beiden Großmächte ihre Streitkräfte auf je 195000 Mann reduzieren. 30000 zusätzliche Amerikaner hat die Sowjetunion den Vereinigten Staaten für Randregionen zugestanden.

Man ist sich einig, daß gerade für diese Region die Verhandlungen über weitere Abrüstung zügig fortgesetzt werden sollen; denn auch nach erfolgreichem Abschluß in Wien bleibt Zentraleuropa noch bei Truppen und Material Weltspitze.

Aber unter welchen Kriterien soll nach der deutschen Einheit weiter abgerüstet werden? Die westlichen Vorschläge in Wien setzten die Fortsetzung der deutschen Teilung voraus. Das erstrebte Gleichgewicht zwischen Nato und Warschauer Vertrag zählte die DDR, Polen, Ungarn und die CSSR damals zu Recht auf die östliche Seite. Wie wird das neue Gleichgewicht berechnet? Alle gegenüber der Sowjetunion? Das doch wohl nicht; es würde sie zu einer neuen Rüstung bewegen, zumal sie das militärische Vorfeld im Begriff ist zu verlieren.

Diese Probleme werden regelbar, wenn in der definierten zentraleuropäischen Region das neue Sicherheitssystem errichtet wird, wobei die deutschen Streitkräfte jedenfalls unterhalb der aller anderen festgelegt werden sollten. Wenn beispielsweise die übrigen sieben Staaten zusammen 350000 Mann hätten, dann sollte Deutschland nur 300000 Mann unterhalten. Die vier ehemaligen Siegermächte sollten Mitglied in allen Organen dieses Zusammenschlusses sein und bleiben, auch wenn ihre Truppen erst reduziert und später ganz abgezogen werden. Sie sollten an Kontrolle und Kommando beteiligt werden und bleiben, zumal die Verifikationsmechanismen für ganz Europa, an denen sie beteiligt sein werden, für die europäische Sicherheitsgemeinschaft in Zentraleuropa schon qualifiziert genutzt werden können.

Streitkräfte in dieser zentraleuropäischen Sicherheitsgemeinschaft wären im wesentlichen Territorialstreitkräfte. Dennoch würde es einer schnellen, einem zentralen Kommando unterstellten Eingreiftruppe bedürfen, um Beistandspflicht bei Verletzungen der Friedenserhaltung oder die Durchsetzung von Schiedssprüchen zu gewährleisten.

Die acht Staaten der Europäischen Sicherheitsgemeinschaft in Zentraleuropa sollten auf Herstellung und Erwerb von ABC-Waffen verzichten und ihr Territorium nicht zur Stationierung solcher Waffen zur Verfügung stellen. Außerhalb dieses Raumes wird es weiter Atomwaffen geben, teils Gegenstand von Verhandlungen zwischen den beiden Großmächten, teils gebunden oder ungebunden in den Mechanismen des Atlantischen Bündnisses, das wohl weiter bestehen wird, bis die Europäische Sicherheitsgemeinschaft auf ganz Europa ausgedehnt werden kann.

Der Vorzug des skizzierten Lösungsrahmens besteht darin, daß er den Kriterien einer friedensverträglichen, problemangemessenen, gleichberechtigten, effizienten, stabilen und entwicklungsfähigen Integration des vereinten Deutschland in eine europäische Sicherheitsordnung weit mehr gerecht wird als die Vorschläge, die gegenwärtig in der politischen Diskussion vorliegen.

V.

Offensichtlich ist es unmöglich, ein derartiges System zeitgleich mit der deutschen Einheit zu vollenden. Aber es ist möglich, dafür jetzt die Kriterien und den Rahmen zu beschließen und zeitlich festzulegen, wann dafür ein unterschriftsreifer Vertrag vorgelegt werden soll. Im März 1992 ist die nächste KSZE-Folgekonferenz vorgesehen; bis dahin könnte ein solches Vertragswerk ausgearbeitet werden.

Ein Beschluß darüber verlangt den Willen, von den Blöcken zu einer Europäischen Sicherheitsgemeinschaft überzugehen. Sobald diese Entscheidung vorliegt, ist die zeitliche Begrenzung für die Übergangsregelungen gewonnen, die in diesem Moment so viel Schwierigkeiten machen. Ganz Deutschland in der Nato mit einem Sonderstatus für das Gebiet der ehemaligen DDR ist erträglich für alle Beteiligten nur, wenn man weiß, wie lange sie dauert und wodurch sie abgelöst wird. Auch andere Übergangsregelungen werden denkbar und von Prestigegesichtspunkten entlastet.

In den »Zwei plus vier«-Verhandlungen wären die Entscheidungen zu treffen beziehungsweise für den KSZE-Gipfel im Herbst vorzubereiten, daß mit der Unterzeichnung des ersten Wiener Abrüstungsabkommens das erste gesamteuropäische Kontrollorgan eingerichtet wird, zusätzlich kooperative Einrichtungen wie Räte der Außen- und Verteidigungsminister geschaffen werden, der Auftrag zur Ausarbeitung eines ESG-Vertrages erteilt wird und die Kriterien seines Rahmens festgelegt werden. Schließlich wäre zu vereinbaren, daß spätestens mit der Unterzeichnung dieses Vertrages alle Rechte der vier Mächte über Deutschland als Ganzes förmlich beendet werden.

Ein derartiger Ablauf hätte den Vorteil, die deutsche Einheit mit einer außen- wie sicherheitspolitischen europäischen Lösung zu synchronisieren und dennoch die Verhandlungen zu entzerren. Die beiden deutschen Regierungen bekämen außenpolitisch ihren wiederholt bekräftigten Standpunkt erfüllt, daß Klarheit über unsere Sicherheit und über die Ablösung der Vorbehaltsrechte erreicht sein muß, wenn die deutsche Einheit vollendet wird, also bevor der Prozeß nach Artikel 23 in Gang gesetzt wird. Alle bisher öffentlich vorgetragenen Interessen der vier Mächte wären berücksichtigt.

Der Rahmen für die weitere Abrüstung in Zentraleuropa wäre geschaffen, und der Weg der europäischen Sicherheit für und vor Deutschland, stabil und nach menschlichem Ermessen unzerbrechbar, wäre abgesteckt.

Nachdenken über das eigene Land
(1990)

I.

Vor fast genau zwei Jahren habe ich in München öffentlich und sorgfältig über das eigene Land nachgedacht. Das ging auch auf ein Gespräch mit zwei guten alten, etwas konservativen Bekannten zurück, mit denen ich mich als Mitglied des nie gegründeten, sehr kleinen Clubs der letzten Mohikaner verbunden fühlte, die an die Einheit noch glaubten und die sie wollten. Wir kannten den Ausspruch Adenauers noch nicht, daß hoffentlich die Europäische Einheit unter Dach und Fach gebracht würde, bevor die Deutsche Einheit kommt. Aber wir waren uns einig, daß die Chancen schlecht stünden; daß wir uns in einem fast aussichtslosen Wettrennen befänden; denn mit der Vollendung des gemeinsamen Marktes 1992 würde ein Westeuropa geschaffen werden, das faktisch das Einheitsgebot des Grundgesetzes aushebeln und nur noch einen Anschluß der DDR theoretisch denkbar machen würde. Das aber konnte sich niemand vorstellen.

Auf diesem Hintergrund entstand jene Rede als ein fast verzweifelter Ausbruch im Bewußtsein der wahrscheinlichen Vergeblichkeit. Martin Walser hatte zuvor an gleicher Stelle von dem notwendigen Mut, unter das eigene Niveau zu gehen, gesprochen, und ich habe das aufgegriffen, indem ich sarkastisch, satirisch bis an den Rand einer positiven Verleumdung formulierte, was der Kanzler hätte sagen müssen, in Moskau, Washington, Paris und London, wenn die Einheit wirklich »vordringlichstes Ziel deutscher Politik« geblieben wäre. Ich habe ihn dann entschuldigt, daß er natürlich nicht unter sein Niveau gehe und nicht dem folgt, was sein Parteiprogramm verlangt. Also wurde die Lebenslüge fortgesetzt.

Die Aufrichtigkeit gebietet, auch im Rückblick festzuhalten, daß die Einheit nicht aus der Bundesrepublik aufgebrochen ist. Fast niemand war dort ungeduldig oder hat darauf gedrängt, die Illusion oder die Utopie auch nur zum Problem zu befördern. In der westdeutschen Bevölkerung war das Interesse an der DDR-Realität ähnlich gering wie im Politbüro der SED. Ausgegangen ist die Sache von einem Mann, Michail Gorbatschow, der mit unerhörtem Mut die Notwendigkeit, die Zukunft Europas auf die Selbstbestimmung der Völker zu setzen, mit der Konsequenz verband, daß dieser Grundsatz auch für das deutsche Volk gelten müsse. Das führte zu der vorher erkennbaren Entscheidung, daß die sowjetischen Truppen, anders als am 17. Juni 1953, in den Kasernen bleiben würden, und schuf den immer noch nicht risikofreien Raum für das Volk der DDR. Der kleinere und bedrängtere Teil des deutschen Volkes hat den Ausschlag gegeben. Daß es friedlich die Einheit erzwang, indem es aufstand und durch nicht mehr aufrichtbare Mauern strömte, das zwang Bonn zur ebenso unrevidierbaren Antwort der Einführung der D-Mark und zwang zur Zustimmung in den vier Hauptstädten, die das so oder so schnell gar nicht gern wollten. Das zustande zu bringen, waren die Westdeutschen nie stark genug. Die Einheit verdankt das Volk Gorbatschow und den Ostdeutschen. Die Westdeutschen sind in der glücklichen Lage, das Geld aufbringen zu können, selbst wenn es nun teurer als nötig durch den dummen Zufall wird, daß die Einheit nicht in der Mitte, sondern am Ende einer Legislaturperiode zu organisieren ist.

Die Herolde der deutschen Einheit können noch immer dieselben Fanfaren blasen, die früher weniger der Sache, sondern der Beruhigung des eigenen Gewissens und der Beschwichtigung des berechtigten Verdachtes der Brüder und Schwestern gegolten haben, man hätte sie vergessen oder drehe ihnen den Rücken zu. Der Aufruf zum Wandel durch Annäherung war schon vor fast 30 Jahren lästige Ruhestörung, und wer Heuchelei Heuchelei nannte, die Chancen der Deutschen in der Teilung suchen und notfalls über zwei Friedensverträge das deutsche Selbstbestimmungsrecht an die Stelle des uneingelösten Siegerversprechens setzen wollte, sieht sich dem Verdacht ausgesetzt, er hätte sich mit der Teilung abgefunden. Dabei dokumentierten die Herolde jeden Tag, wie völlig unvorbereitet sie die Einheit getroffen hat. Es gab keine Pläne. Die Schubladen waren leer. Der Haushaltsplan sah die Einheit nicht vor. Die Kosten sind immer noch nicht einschätzbar.

II.

Jetzt haben wir die Probleme, die wir uns immer gewünscht haben. Es ist herrlich. Also blicken wir nach vorn.

Dabei will ich mich nicht mit den wirtschaftlichen Fragen beschäftigen, die zu Recht heute im Vordergrund stehen. Auch wenn die Talsohle noch nicht erreicht ist und die westdeutsche Wirtschaft mehr profitiert als investiert, die Hoffnung auf Erholung und Aufschwung ist berechtigt. Sie verbindet sich trefflich mit der Hoffnung auf frühe Wahlen. Die Menschen dürfen warten und erwarten, daß die Pferde zu saufen beginnen werden, in der zweiten Hälfte des nächsten Jahres.

Aber nicht die Wirtschaft, sondern den Menschen möchte ich mich zuwenden, für die es darum geht, »doch nicht von sich selber Abschied zu nehmen«, wie es unser Bundespräsident ausgedrückt hat.

Sowenig die staatsrechtliche und völkerrechtliche Einheit verkleinert werden darf und kann, so unübersehbar ist, daß die organische Einigung der Menschen jetzt erst beginnt. Die Einheit zu beschließen und die Einheit zu leben, sind zwei verschiedene Stiefel. Um es in einem Bild zu sagen: Wir, die Deutschen in Ost und die Deutschen in West, haben uns zusammengeschmissen, nicht ohne Neigung, zu einer nun unauflöslichen Ehe, spätere Liebe nicht ausgeschlossen. Der Vollzug war wirklich schön, aber nun müssen wir uns kennenlernen. Normalerweise geht das in umgekehrter Reihenfolge, aber was ist schon bei uns normal?

Die Probleme sind nicht überraschend bei so Spätvermählten, Gleichaltrigen, die nicht leugnen, daß sie in ihren Vorleben schon andere ernste Bindungen hatten. Das kann um so schwieriger werden, wenn der eine Teil auf eine wirklich beachtliche Mitgift, der andere auf seine inneren Werte verweist, was nicht daran hindert, ein anständiges neues Auto als Hochzeitsgeschenk zu erwarten. Und was die Gleichberechtigung angeht, so ahnt man schon Schwierigkeiten, wenn der wirtschaftlich stärkere Teil nicht nur auf die erwiesene Anpassungsfähigkeit des anderen, sondern zu Recht darauf hinweist, daß schließlich der andere der aktive Teil gewesen ist, der den Bund vollzogen oder den Beitritt zum Bund beschlossen hat oder wie immer dieser 23er-Artikel die Eheschließung nennt. Wenn unter diesen Voraussetzungen die Prognosen positiv sein sollen, dann in aller Nüchternheit nur deshalb, weil dieser deutsche Bund unauflöslich ist.

Das Wichtigste, was in einem solchen Fall zu empfehlen ist, lautet: Die Vergangenheit darf nicht die Zukunft belasten.

Das ist leichter gesagt als getan, weil es einschließt, daß die Vergangenheit nicht verdrängt werden darf. Wir, die Deutschen in West und Ost, haben 40 Jahre unterschiedlicher Erfahrung, von der wir nun Abschied nehmen, ohne vom eigenen Lebenslauf Abschied nehmen zu dürfen.

Als die Bundesrepublik in einer ähnlichen Lage war, hat Kurt Schumacher 1951 eine heftige Diskussion ausgelöst, als er sich in einem Brief für Bemühungen um die Rehabilitierung ehemaliger Wehrmachtsoffiziere und für Kontakte zu früheren Angehörigen der Waffen-SS aussprach. Er schrieb dabei u.a.: »Die sozialdemokratische Partei ist ausgegangen und geht aus von jeder Ablehnung und Bekämpfung der Kollektivschuld. Das bedeutet nicht, daß sie damit individuelle Verbrechen entschuldigen oder gar zudecken wolle. Sie tritt für die strafrechtliche Verfolgung krimineller Delikte ein. Sicher sind viele der jungen Menschen Träger einer spezifisch hitlerischen Ideologie gewesen, ohne aber die Verbrechen der 12jährigen Diktatur als solche zum Bestandteil ihrer politischen Zielsetzung zu machen ... Zu jedem totalitären System hat es gehört, mit allen Methoden der Verstrickung ein Ergebnis der Mitschuld aller zu erzeugen ... Uns scheint es eine menschliche und staatsbürgerliche Notwendigkeit zu sein, diesen Ring zu sprengen, der großen Masse der früheren Angehörigen der Waffen-SS den Weg zu Lebensaussicht und Staatsbürgertum freizumachen ... Ihnen hilft auch nicht, wenn die Nutznießer und Mitschuldigen Pardon anbieten. Es müssen Verfolgte sein, die der moralischen und politischen Seite dieser Angelegenheit allein gerecht werden können.« Nicht die Verdächtigungen von Tagesjournalisten wären relevant, sondern nur ein Vorwurf wäre gerechtfertigt, meinte Schumacher, »nämlich der, passiv und ungerecht zu sein«.

Wir alle kennen den Unterschied zwischen den Bergen von Stasi-Akten und den Bergen von Nazi-Leichen. Dennoch darf es im einen wie im anderen Fall keinen Freispruch für individuelle Schuld geben. Es gehört zu den belastenden Faktoren der deutschen Einigung, daß die demokratische DDR unfähig gewesen ist, die Hinterlassenschaft der Stasi so zu regeln, daß Deutschland diese Regelungen nur durchführt. Nun sollen wir tun, was im Grunde nur die Ostdeutschen aus ihrer Kenntnis können. Wer von den Westdeutschen könnte wagen, entscheiden zu wollen, zumal in einem verlogenen Staat auch die Akten lügen können, zumal es vor und nach dem 18. März möglich war, Akten verschwinden zu lassen. Wenn es aber so ist, daß heute scheinbar Unschuldige morgen als Schuldige entlarvt werden können, so bin ich, nicht leichten Gewissens, geneigt, den Grundsatz »im Zweifel für den Angeklagten« in allen Fällen gelten zu lassen, in denen bezahlter Dienst zum Schaden anderer nicht zweifelsfrei nachgewiesen wird. Aber ich füge mit Schumacher hinzu, diese Art von Pardon können nur die Verfolgten, die Opfer gewähren, in der schmerzhaften Erkenntnis, daß der Wille zur Gerechtigkeit nicht neue Ungerechtigkeit hervorbringen darf.

Ich möchte nicht mehr zum Stasi sagen, der wirklich Staat im Staate war, sich eine Partei hielt, die sich ihrerseits eine Regierung, ein Parlament, Parteien und sonstige Organisationen des Scheinpluralismus hielt. Sie alle tanzten nach der Flöte der SED, die ihrerseits im festen Griff war.

Damit sind wir bei der SED, die einen ähnlichen Organisationsstand erreicht hatte wie die NSDAP nach 12 Jahren. Sollte gegenüber der SED und ihren bestellten, ausgehaltenen Blockstützen nach 40 Jahren weniger gelten als das, was Schumacher den Mitgliedern der NSDAP und der Waffen-SS nach 12 Jahren zugebilligt hat?

Ich habe mich damals schrecklich erregt, als Adenauer mit der Ernennung des Kommentators der Nürnberger Gesetze, Globke, zum Staatssekretär im Bundeskanzleramt christliche Vergebung annoncierte, fast Freude über den reuigen Sünder ankündigend, deren sich dann auch viele unreuige Sünder wirklich erfreuten. Und ich bin auch heute der Auffassung, daß das ein Fehler war. Aber ich bin sehr wohl der Auffassung, daß die Chance des Neuanfangs, die die Westdeutschen nach dem Krieg bekommen haben, den Ostdeutschen nicht vorenthalten werden darf, gerade weil diese Chance unter den erschwerten Bedingungen 40jähriger Verspätung entsteht. Für diejenigen mit dem härteren Schicksal darf es keine härteren Bedingungen geben.

Die Chance für jeden, sofern er frei ist von nachweisbarer persönlicher Schuld, ist nicht gleichbedeutend damit, daß jeder auch Mandatsträger oder Minister werden muß.

Gerecht will mir jedenfalls nicht erscheinen, daß die Mitglieder der Blockparteien insgesamt anders beurteilt werden als die Mitglieder der SED und ihre Apparate im Interesse des jeweiligen Parteivorteils mit dem Mantel christlicher Vergebung oder liberaler Generosität bedeckt werden. Es kann nicht klug sein, durch Großzügigkeit gegenüber den Mitgliedern aller Blockparteien außer der SED aus dem Rechtsnachfolger dieser Staatspartei ein Sammelbecken des Trotzes, der Resignation oder des Schutzes zu machen.

Ich bin übrigens auch gegen jede kleinliche Schikane gegenüber der PDS, weil zur neuen Normalität Deutschlands auch gehört, daß die Kommunisten, die sich nicht einmal mehr so zu nennen wagen, dem unnachsichtigen Wählerurteil unterworfen werden sollen, das ihnen höchstwahrscheinlich bei uns sehr viel weniger Prozente bringen wird als in Frankreich oder Italien. Aber ich spreche nicht über die PDS, die den Mühlstein der Rechtsnachfolge nicht abwerfen kann, sondern über Menschen. Ich spreche auch nicht über »die blitzartige Wandlung« oder »die Unfähigkeit zu trauern«, die Mitscherlich 25 Jahre nach dem Ende der Nazi-Herrschaft konstatierte. Reue als Ergebnis von Selbstprüfung ist individuell.

Niemand nimmt den Westdeutschen übel, daß sie während der 40 Jahre sich immer stärker auf die Bundesrepublik eingestellt haben, ihre Karrieren, ihre Chancen, ihren Wohlstand, ohne dabei viel an die Einheit zu denken. Wer will es eigentlich den Ostdeutschen übelnehmen, daß sie 40 Jahre lang dasselbe getan haben? D.h. sich auf ihren Staat und die dabei möglichen Karrieren und die Zukunft ihrer Kinder und die dort möglichen Chancen eingestellt haben, das Beste daraus zu machen, ohne an die Einheit noch zu glauben. Diese Einstellung kann doch nicht für den Westen normal gewesen sein, aber für den Osten in dem Vorwurf gipfeln, Mitglied der Staatspartei gewesen zu sein. Zumal doch der Unterschied der Generationen, hier wie dort, für das Bewußtsein prägend ist.

Die wirklichen Anhänger der Einheit waren im Westen ganz überwiegend unter denen, die das einige Deutschland noch bewußt erlebt haben, während die Jüngeren mit diesen »Sentimentalitäten« der Alten wenig anzufangen wußten. Und wenn ich Jüngere sage, dann gilt das wohl für die Mehrheit, nämlich alle Jahrgänge unter 45 bis 50 Jahren. Es gibt in Westdeutschland Bedauern oder Sorge um das Ende der alten, guten, vertrauten Bundesrepublik. Patrick Süßkind mag vielen seiner Generation aus der Seele gesprochen haben, als er sich fragte, ob denn Momper noch alle Tassen im Schrank hätte, als er am 10. November letzten Jahres vom glücklichsten Volk der Welt sprach. Ich erkenne doch auch in Ostdeutschland solche, die dieses Ende der DDR bedauern, und zwar auch die Opfer des alten Regimes. Das müssen auf beiden Seiten nicht die Schlechtesten sein, denen es mindestens etwas mulmig ist, weil sie nicht wissen, wie das größere Deutschland sein wird.

Ich fühle mich, von Einzelfällen abgesehen, außerstande, den Menschen ins Herz zu sehen und zu unterscheiden zwischen Gläubigen und Opportunisten, Enttäuschten und Wendehälsen, Bekehrten und Verzweifelten, denn leben wollen sie alle und arbeiten auch. Und dabei schätze ich den, der sich zu den Idealen seines Lebens bekennt, auch wenn sie enttäuscht wurden, auch wenn er zu spät und wenig erkannt hat, welche Fehler oder Verbrechen begangen worden sind von seiner Führung, höher ein als jemanden, der mir sein bloßes Mitläufertum erklärt. Feige waren die meisten. In Westdeutschland nennt man das anders. Aber auch da ist Anpassung gesünder, lukrativer, jedenfalls bequemer. Dabei wäre die Zivilcourage im Westen mit sehr viel weniger Risiko als im Osten belastet.

Was ich hier versuche, ist eine Analyse, eine Aufarbeitung psychologischer Befindlichkeiten in Ost und West, die uns beim Kennenlernen und besseren gegenseitigen Verständnis helfen sollen, also bei jenem Lieben-Lernen, das die Schwäche des anderen kennt. Aber nun muß ich zu einem Unterschied kommen, der ebenso eine Schieflage erzeugt wie hoffnungsvoll sein kann. Erst in den letzten Monaten, auch als ich Offiziere der ehemaligen Bundeswehr mit denen der ehemaligen Nationalen Volksarmee miteinander sah, ist mir eine Seite der Freiheit klargeworden, die ich bisher so nicht gesehen hatte. Die Freiheit, deren sich die Westdeutschen 40 Jahre lang erfreut haben, geschenkt, aber dann auch erworben, um sie nun fast selbstverständlich zu besitzen, diese Freiheit gibt ihnen eine Souveränität, eine Leichtigkeit, eine Sicherheit, eine Unverkrampftheit im Umgang und Auftreten, die Menschen, die in der Nicht-Freiheit leben mußten, nicht haben, vermissen, fühlen. Das kann zu Überheblichkeit auf der einen und Minderwertigkeitskomplexen auf der anderen Seite führen. Die Westdeutschen sollten sich dieses ungeheuren Vorteils bewußt sein; das Privileg verpflichtet zum Verstehen derer, die es unverdient nicht hatten und in die nachteilige Position gekommen sind. In dieser Einsicht und nicht herablassend sollten es die Westdeutschen den Ostdeutschen erleichtern, sich in die Kraft der Freiheit einzuleben.

III.

Eine solche Haltung kann die Westdeutschen vor der Versuchung schützen, Ankläger und Richter zugleich zu sein.

»Ekelhaft« hat Wolfgang Matthäuer den Kunststreit im vereinten Deutschland genannt. In der Tat, die Schlacht der Vorurteile ist voll entbrannt. Dabei ist noch nicht einmal das schlimmste, daß jene Deutschen, die hier nicht gelebt haben, uns erzählen, wie sie hier gelebt hätten. Fast könnte man versucht sein, diesen Totschlag-Ruf abgewandelt zu wiederholen: Warum seid Ihr früher nicht rübergegangen? Aber das gehört der Vergangenheit an.

Schlimm und selbstzerstörerisch ist das hochmütige Urteil, das aus der Kenntnis des geschichtlichen Ergebnisses heute genau weiß, was gestern falsch war. Gestern waren wir doch alle dumm; ich habe jedenfalls von keinem gehört, daß er gewußt hat, was kam. Es ist so verdammt leicht, Christa Wolf vorzuwerfen, daß »die Subjektivität, um die sie sich bemühte, ihr längst in die Objektivität des DDR-Staates entlaufen war«. Ich empfand Christa Wolf, obwohl ich ihr nur selten begegnet bin, immer als Verbündete und war dankbar, daß sie das schwere Bleiben dem leichteren Gehen vorzog. Wurde nicht die Ausweisung Wolf Biermanns als Schwächung des inneren Widerstandes empfunden? Waren nicht gerade so unterschiedliche Menschen wie Stefan Heym und Robert Havemann dem Staat unangenehm, weil sie an ihrem sozialistischen Ideal festhielten und seine bürokratische Karikatur kritisierten? Reicht der Sieg über die Karikatur nicht? Ist der kaum verhüllte Hohn über solche angebracht, die ihr Ideal nicht verleugnen oder verraten, heute so wenig wie gestern? Ich empfinde Achtung und Neigung für diese Menschen, auch wenn ich nicht immer ihre Meinung teile. Der französische Germanist Jean-Michel Palmière wundert sich, daß »die Schriftsteller auch für das Scheitern der DDR bezahlen müssen, als ob es ihre Aufgabe gewesen wäre, uns das Paradies zu schenken«. Der Ruf von jenseits des Rheins ist ermutigend, daß die Weigerung Christa Wolfs, »Märtyrerin« zu werden, keinen Vorwurf verdiene.

Aber der fundamentalere Vorwurf gegen Christa Wolf lautete, daß sie letztlich dem Staat geholfen habe, indem sie den Menschen beschrieb, wie sie sich in ihm einrichten könnten. Dieser Vorwurf trifft alle Regierungen in Bonn, seit es den Freikauf von Häftlingen gab, seit Brandt Verträge schloß und Kohl den roten Teppich für

Honecker ausrollen ließ. Wer den Menschen helfen wollte, mußte mit dem Staat arbeiten; das war gesicherte Erkenntnis seit dem Bau der Mauer und dem ersten Passierscheinabkommen, das sie durchlässig machte. Es war, wollte man nicht einer letztlich menschenverachtenden Resignation anheimfallen, gar nicht anders möglich. Und es war, wenn die SPD sich nicht selbst untreu werden wollte, folgerichtig, daß sie diese Politik, als sie in die Opposition ging, erst recht mit der Partei fortsetzte, die sich einen Staat hielt. Das hat sich übrigens in der Sowjetunion erst seit der kurzen Zeit verändert, als der Staatspräsident Gorbatschow das Politbüro entmachtete.

Ich habe auch im Rückblick keinen Abstrich zu machen an einer Politik, die mit jeder Vereinbarung Partei und Staat band; mit jeder Bindung wurden Partei und Staat akzeptabler und schwächer, akzeptabler, weil sie sich Regeln unterwarfen und schwächer aus demselben Grund. Zumal das Ganze mit dem Klassenfeind oder dem Kapitalismus geschah, der bekanntlich unaufhaltsam dem Abgrund entgegenging.

Indem Partei und Staat, in homöopathischen Dosen, sich von außen menschenwürdiger machen ließen, wurden die Menschen stärker, beide zu überwinden. Schon Helsinki zeigt diese beiden Seiten wie später das gemeinsame Papier von SPD und SED. Die einen konnten sich damit schmücken, die anderen konnten sich darauf berufen. Daß dabei auf dem Gebiet der Sicherheit außerdem Wege im gesamtdeutschen Interesse gewiesen wurden, ist ja nicht mehr zu bestreiten; denn die atomwaffenfreie Zone ist natürlich nicht dadurch falsch geworden, daß der Bundeskanzler sie Gorbatschow vorgeschlagen hat. Das ist nun sein Erfolg; denn der von SPD und SED kann es schon deshalb nicht sein, weil es die SED nicht mehr gibt.

Daß Otto Winzer, der erste Außenminister der DDR, »Wandel durch Annäherung« als Aggression auf Filzlatschen bezeichnete, war so falsch nicht. Es hat jedenfalls funktioniert.

Daß niemand wußte, wie gut und schnell es funktionieren würde, sollte künftig kein Grund zu gegenseitigen Vorwürfen mehr sein. Ich gebe ja ebenso ungern wie gern zu, daß ich am 9. November 1989 den Anfang vom Ende der DDR gekommen sah, aber noch drei Wochen später gut fand, daß Kohl den Vorschlag seines Kollegen Modrow zu einer Vertragsgemeinschaft aufgriff, aus der man dann konföderative Strukturen entwickeln sollte. Wer erst recht vor dem 9. November nicht an die schnelle Einheit glaubte, durfte nicht zur schnellen Gründung der SPD raten. Die Ostdeutschen waren eben stärker als die Westdeutschen.

Ob die Deutschen insgesamt stark genug sind, sich die Zukunft nicht von der Vergangenheit verderben zu lassen, ist noch offen. Lothar de Maizière, Gregor Gysi und Wolfgang Vogel waren Anwälte, die Menschen helfen konnten, auch weil sie mit den kompetenten Organen des Staates in Kontakt waren. Letzterer war bekannter als die beiden anderen. Sein gutes Verhältnis zu Nummer 1 war so gut, daß er, Vogel, so gut sein konnte, wie er war. Schon vor zwei Jahren wurde darüber gesprochen, daß er mit dem Bundesverdienstkreuz ausgezeichnet werden sollte. Jetzt berichtet die FAZ, die Entscheidung sei gefallen. Positiv. Ich finde, in jeder Beziehung. Das Blatt fragt, ob das ein »Fingerzeig für die zukünftige Bewältigung der Vergangenheit« sei. Ich hoffe; denn was nach westlichem Verständnis damals ehrenswert war, muß es bleiben. Schon damals wird man sich gefragt haben, ob diese Auszeichnung nicht Honecker zugute kommt. Die belastenden Kompromisse, die der Anwalt dem System machen mußte, die Gratwanderung im Interesse der Menschlichkeit, die der Chef des Systems ihn machen ließ, wer will das entwirren?

Schwer vorstellbar, daß ein bisheriger Staatschef verurteilt wird, dem der Bundeskanzler zugetrunken hat mit dem Wunsch nach persönlichem Wohlergehen. Der Gastgeber wußte alles Wesentliche über den Gast, einschließlich der Letztverantwortlichkeit für den Schießbefehl. Die Festungshaft früherer Zeiten für politisch Schuldige gibt es nicht mehr. Auch nicht für Markus Wolf.

Er ist der Verantwortliche für Günther Guilleaume, den ich nicht vergessen kann. Daß dem einen wie dem anderen jetzt ihr Erfolg leid tut, macht nichts ungeschehen. Guilleaume war durch die Mühlen der Sicherheitsbehörden gedreht worden wie keiner vor ihm und hatte sich immer stramm antikommunistisch geäußert und betätigt. Ich habe mir seither gemerkt: Nicht jeder, der sich rechts gibt, muß ein zuverlässiger Demokrat sein, und nicht jeder, der den Überprüfungen der Sicherheitsbehörden entkommt, ist unbedenklich. Das könnte auch heute noch so sein. Markus Wolf hat die Auszeichnungen schon bekommen für seine unbestrittenen Erfolge, die alle drei Dienste der Bundesrepublik aussehen läßt wie Schweizer Käse. Professionell anerkennenswert, auch wenn solche, die unter Wolf gearbeitet haben, nach Westen geholt werden, auf daß wir im gesamtdeutschen Interesse lernen. Als Kronzeuge gegen sich selbst hätte er wohl nichts zu befürchten, sofern kein Blut an seinen Händen klebt, was bisher nicht behauptet wird. Der Grundsatz »nulla poena sine lege« wird auch von der größeren Bundesrepublik nicht in Frage gestellt werden.

Es ist zuzugeben, daß dies alles höchst unbefriedigend ist. Es darf nicht darauf hinauslaufen, die Großen laufen zu lassen und die Kleinen zu hängen. Aber gerade deshalb muß man die Grundsätze an den Großen durchführen, damit die Kleinen davon profitieren. Stärker als der Ruf nach Vergeltung muß der Ruf nach Versöhnung sein. Das Gerechtigkeitsgefühl wird dagegen rebellieren. Aber es wird Gerechtigkeit für jeden einzelnen auch dann nicht zu erreichen sein, wenn wir uns noch nachträglich zu späten Hiwis des Stasi machen und die nächsten 10 Jahre gegen das Ertrinken in der Flut der Prozesse kämpfen. Entschädigung der Opfer, Gerichte für die kriminellen Vergehen – und im übrigen jedem die gleiche Chance. Die Großzügigkeit und die Weisheit, mit denen Spanien 40 Jahre Franco-Herrschaft »verarbeitet« hat, sind nicht die schlechtesten Ratgeber.

Ich weiß, daß man damit auch Ja dazu sagt, die Anpasser von gestern die Anpasser von morgen werden zu lassen. Aber das sind sie doch schon heute. Daß Oppositionelle von gestern Minderheiten bleiben, ergänzt durch solche, die Mehrheit spielten, daß sich dabei sogar Ungerechtigkeiten fortsetzen, daß die Revolutionäre, ohne die das alles auch nicht so gekommen wäre, Außenseiter werden oder bleiben; das alles gehört zur Normalität, zu den wahrhaft nicht geringen Kosten der Einheit, die sich nicht in Geld ausrechnen lassen. Aber dies ist die Normalität, dies ist die Einheit, die die Mehrheit gewählt hat. Bitte nicht darüber klagen, daß man bekommt, was gewollt war, auch wenn nicht jede Konsequenz bekannt war oder geglaubt wurde. Die Kraft für den neuen Anfang darf jedenfalls nicht zersplittert werden.

IV.

Wer die Einheit zur Sache des ganzen Volkes machen will, muß das ganze Volk, je nach der Fähigkeit des einzelnen, belasten.

Wenn das geteilte Denken überwunden werden soll, muß das geteilte Recht überwunden werden: Den zweiten Staatsvertrag würden Chinesen einen ungleichen Vertrag nennen. Das wird nach der Bundestagswahl zu korrigieren sein, auch damit Raubzüge aufhören; die Einheit soll sich nicht nur für solche rentieren, die Kapital anlegen können. Das Herausschneiden von Filetstücken oder – gar nicht dumm – der Kauf interessanter Köpfe, natürlich ohne nach der Parteivergangenheit zu fragen, setzt den Prozeß der Negativauslese fort. Die Ausblutung Ostdeutschlands muß gestoppt werden.

Je schneller Rechtsungleichheiten beseitigt werden, um so schneller wird die Gefahr beseitigt, Bundesbürger erster und zweiter Klasse zu bekommen, also die Teilung in der Einheit fortzusetzen.

Daß es keine Soldaten erster und zweiter Klasse geben darf, war ein gutes Wort. Noch sieht die Realität anders aus. Es ist kein Ruhmesblatt in der Geschichte der alten Bundeswehr, keinen der NVA-Generale übernommen zu haben, die man menschlich, fachlich und politisch für geeignet hielt. Positiv wie negativ wird die Bundeswehr ein Beispiel sein, das Barometer, an dem man ablesen kann, ob es gut oder schlecht steht um die Überwindung der Teilung in der Einheit.

Nun ist das besonders schwer, weil es sich um bewaffnete Uniformträger handelt, aber nicht qualitativ unterschiedlich zur zivilen Bevölkerung. Der Anfang von General Schönbohm, dem Chef der Ost-Bundeswehr, war der Größe der Aufgabe angemessen, für die es kein Beispiel gibt: aus gegeneinander aufgestellten, ausgerüsteten und ausgebildeten Streitkräften die Armee eines Staates zu machen. »Zu Selbstgerechtigkeit besteht kein Anlaß«, sagte er. »Geduld und Aufgeschlossenheit für die neuen Kameraden« verlangte er zu Recht von den alten Kameraden, die noch vor wenigen Wochen die ganze NVA auflösen wollten bis zum letzten Mann und sich nicht vorstellen konnten und wollten, daß ihre Söhne unter dem Kommando von Offizieren dienen sollten, die durch die Bank Mitglieder der SED waren und der DDR gedient haben. Im Westen fällt es schwer zu verstehen, was die neu gewonnene Freiheit dem Osten alles zumutet, hat der Bundespräsident gesagt. Man könnte hinzufügen: Auch dem Osten mag das Verständnis schwerfallen, daß es noch Zumutungen gibt für Westdeutsche, wenn sie ihre Fremdheit mit der anderen deutschen Realität überwinden sollen. Die Praxis zeigt, wie hoch die Mauern des alten Denkens noch sind. Es wird erst jetzt offenbar, wie weit wir auf beiden Seiten Opfer der Propaganda gewesen sind.

Es wird Offiziere der Bundeswehr geben, die Mitglieder der PDS sind, mindestens der SED waren. Das ist die Einheit eben auch, wenn sie diesen Namen verdienen soll. Briefträger und Lokomotivführer in der alten Bundesrepublik werden nicht vom öffentlichen Dienst auszusperren sein, sofern es nur ihre Gesinnung oder Überzeugung betrifft, die der Staat oder andere Parteien oder Gewerkschaften nicht teilen. Was im kalten Krieg zwar umstritten, aber recht und billig gewesen ist, muß beseitigt werden, nachdem der kalte Krieg zu Ende ist.

Der Ost-West-Konflikt ist zu Ende. Die Nato will Zusammenarbeit, Partnerschaft und mehr, als die SPD je gewagt hat zu fordern: die Hand zur Freundschaft mit der Sowjetunion ausstrecken. Mit den Fragebogen, aufgrund deren die Bundeswehr entscheiden will, wer endgültig übernommen wird, wird der Ost-West-Konflikt fortgesetzt. Die Frage nach Mitgliedschaft in einer kommunistischen Partei ist verständlich. Nach der PDS wird nicht gefragt. Das Bundesverteidigungsministerium scheint dieser Partei abzunehmen, daß sie mit Kommunismus nichts zu tun hat. Aber vielleicht fehlt diese Frage, weil man auch sonst nach Parteimitgliedschaften nicht fragen darf. Je länger Fragebogen werden, um so schwerer entgehen sie unfreiwilliger Komik. Da hat sich seit 1945 wenig geändert.

Aber dann wird nach den »sonstigen Beziehungen« gefragt, die der Bewerber oder die mit ihm in häuslicher Gemeinschaft Lebenden »zu Ländern mit besonderem Sicherheitsrisiko hatten oder haben«. Da wird das nun demokratische Polen mit China, Ungarn mit Rumänien, Prag mit Havanna gleichgesetzt. Die demokratischen Revolutionen bei unseren östlichen Nachbarn sind an den Verfassern dieses Fragebogens offenbar vorbeigegangen.

Sorge macht die Fremdheit mit der deutschen Realität. Ich nehme einen Oberst der NVA, der an der sowjetischen Frunse-Akademie ausgebildet wurde, in Stäben des Warschauer Vertrages in Moskau gedient und eine Russin erobert hat, mit der er bis heute glücklich verheiratet ist, was wir beiden wünschen. Daß er und sie und ihre Kinder »sonstige Beziehungen« zur Sowjetunion unterhalten, muß man wohl wünschen. Was im Fragebogen als Sicherheitsrisiko bezeichnet wird, soll gerade zu einem Gewinn für Deutschland werden. Die früher belastenden Westkontakte dürfen doch nicht durch nun belastende Ostkontakte ersetzt werden.

Die einheitliche deutsche Armee kann gerade und nur deshalb

entwickelt werden, weil der Waffenbruder von gestern eben nicht der Feind von morgen wird, weil nicht Verrat verlangt, sondern Teilhabe an Erfahrungen und Einsichten in die Gegebenheiten unserer Partner und Freunde von morgen erwartet wird. Die Kenntnisse und Verbindungen, die Menschen in Ostdeutschland haben, ja ihre Neigungen zu unseren östlichen Nachbarn, nicht zuletzt die Vertrautheit mit deren Sprache, gehört zu dem Wertvollen, was sie ins geeinte Land einbringen. Der Fragebogen sollte nicht länger in einem eklatanten Widerspruch zu dem Grundlagenvertrag formuliert bleiben, den Bonn und Moskau schließen.

Die Geschichte der NVA ist Teil der deutschen Militärgeschichte. Die Geschichte der DDR ist Teil der deutschen Geschichte. Es wird gar nicht leicht, das zusammen zu sehen. Die bedeutende Aufgabe sollte bald begonnen werden, ein Schulbuch zu entwickeln über unsere Geschichte seit dem Ende des Ersten Weltkriegs und seit dem Ende des Zweiten Weltkriegs, ein Buch, das in den Schulen in Ostdeutschland und in Westdeutschland gleichermaßen Verwendung finden kann. Unsere Kinder können daraus erfahren und lernen, was es heißt, Deutsche zu sein.

Es soll ihnen zu einem Stolz auf das Land ohne Überheblichkeit helfen. Die falsche Großmut, daß es nicht um ein deutsches Europa, sondern um ein europäisches Deutschland geht, erscheint unangebracht. Es ist doch offenbar, daß die Interessen der Nation um so besser gewahrt werden, je enger und freundlicher wir mit den Völkern Europas zusammenarbeiten. Noch geht es nicht um eine Weltinnenpolitik, aber nachdem die deutsche Utopie Wirklichkeit geworden ist, sollte aus der neuen Utopie Realität gemacht werden, ein europäisches Haus, eine europäische Konföderation, eine europäische Sicherheitsgemeinschaft zu schaffen.

V.

Streitkräfte brauchen eine Aufgabe, die von der Bevölkerung und den Soldaten bejaht werden kann. Was ist die Aufgabe deutscher Streitkräfte nach dem Ende der potentiellen Bedrohung aus dem Osten? Die fundamentale Veränderung der Situation dokumentiert die sowjetische Elitearmee, die nun auf dem Territorium der Nato steht, obwohl die Nato das immer verhindern wollte, und dennoch hat niemand Sorge. Wir sollten ihr helfen, auch durch Ausbildung von Soldaten und Offizieren für zivile Berufe, damit sie zu Zeugen des neuen Verhältnisses zwischen Deutschland und der Sowjetunion werden. Polen und die ČSFR werden ihre Sicherheitsinteressen selbst definieren, jedenfalls nicht zum deutschen Nachteil. Die militärische Bedrohung aus dem Osten ist weg, die Doktrin der Abschreckung jedenfalls konventionell zusammengebrochen, auch wenn sie strategisch-atomar noch fortbesteht. Die restlichen kleinen Atomwaffen im Westen müssen verschwinden, die allenfalls Berlin erreichen könnten. Schon deshalb wäre es gut, wenn die Regierung bald nach Berlin ginge, damit es im vereinten Land auch gemeinsame Sicherheit gibt.

Übrigens: Bonn ist die Stadt der Teilung. Es hat seine provisorische Aufgabe sympathisch betont und vorbildlich erfüllt. Berlin ist die Stadt der Einheit.

Der neue Feind ist nicht zu sehen, gegen den Waffen nötig wären, die nicht schon vorhanden sind. Auch nach Durchführung des Abrüstungsvertrages, der Mitte November in Paris unterzeichnet wird, werden in Europa noch mehr Streitkräfte und Waffen vorhanden sein als heute am Golf. Die Zeichen stehen auf Fortsetzung der Abrüstung.

Hier kann Deutschland seine gewachsene Verantwortung zeigen, indem es die Politik der Vorleistungen fortsetzt, die Kohl mit der einseitigen Reduktion der Bundeswehr auf 370000 Mann begonnen hat, worauf alle anderen konstruktiv antworteten, wie nicht anders zu erwarten war.

Nach dem Ende des Ost-West-Konfliktes ist alles zu überprüfen, was zu seiner Überwindung nötig gewesen sein mag. Das gilt auch für die Einbeziehung der osteuropäischen Staaten und der Sowjetunion, solange es sie noch gibt, in neue Institutionen der europäischen Zusammenarbeit. Die größte Gefahr für Europa ist der Nationalismus, die beste Versicherung dagegen heißt Europa. Gerade weil ein Staatenbund die Hoffnung ist, wäre es um so wichtiger, die Union der Sowjetrepubliken zu binden und zu stützen. Nicht nur, weil es ohne und gegen sie keine Sicherheit in und für Europa gibt, sondern weil die begründete Erwartung der Menschen, daß das Bleiben lohnt, die einzige Möglichkeit ist zu verhindern, daß sich millionenfach wiederholt, was wir in Ostdeutschland erfahren haben: Wenn die Waren nicht zu den Menschen kommen, gehen die Menschen zu den Waren, sobald es Freizügigkeit gibt. Und für die sind wir ja, oder?

Das große Ziel der deutschen Einheit ist erreicht, das größere heißt: Krieg in Europa unmöglich machen. Zu beweisen, daß dies nun leichter geworden ist, sollte der ganze Ehrgeiz der Deutschen werden. Und einen Staat zu schaffen, aus dem niemand mehr auswandern muß. Und die Versöhnung mit den Menschen der alten DDR, denn ein neues Volk in dieser Gegend Deutschlands wird vorläufig nicht zu haben sein.

Das Schwerste liegt noch vor uns, aber das ist schön.

Betrifft: Deutschland

Jens Reich
Rückkehr nach Europa
Zur neuen Lage der deutschen Nation
1991. 280 Seiten. Gebunden

Robert Darnton
Der letzte Tanz auf der Mauer
Berlin-Journal 1989–1990
1991. 232 Seiten. Broschur

Timothy Garton Ash
Ein Jahrhundert wird abgewählt
Aus den Zentren Mitteleuropas 1980–1990
1990. 476 Seiten. Gebunden

Christian Meier
Deutsche Einheit als Herausforderung
Welche Fundamente für welche Republik?
1990. 116 Seiten. Broschur

Carl Friedrich von Weizsäcker
Bedingungen der Freiheit
Reden und Aufsätze 1989–1990
1990. 120 Seiten. Broschur

Carl Hanser Verlag